완전한 예배 인도자

완전한 예배 인도자

펴낸 날 · 2012년 4월 4일 | **초판 1쇄 찍은 날** · 2012년 3월 28일
지은이 · 케빈 J. 나바로 | **옮긴이** · 정지훈 | **펴낸이** · 김승태
등록번호 · 제2-1349호(1992. 3. 31) | **펴낸 곳** · 예영커뮤니케이션
주소 · (136-825) 서울시 성북구 성북1동 179-56 | **홈페이지** www.jeyoung.com
출판사업부 · T. (02)766-8931 F. (02)766-8934 e-mail : edit1@jeyoung.com
출판유통사업부 · T. (02)766-7912 F. (02)766-8934 e-mail : sales@jeyoung.com

ISBN 978-89-8350-788-4 (03230)

값 12,000원

COMPLETE WORSHIP LEADER

완전한
예배 인도자

케빈 J. 나바로 Kevin J. Navarro 지음 · 정지훈 옮김

예영커뮤니케이션

서문

우리가 알고 있는 예배 인도자의 역할은 그 역사가 길어야 20년이다. 그 이전 대부분의 세월 동안 어떠한 예배 인도자 훈련 센터나 예배 인도 학위도 없었으며, 극소수의 경륜이 있는 멘토들(mentors)만 있었을 따름이다. 현실을 직시하자! 그것은 험난한 예측불허의 여정이었다. 아, 물론 그동안 소중한 교훈도 얻었다. 그렇지만 솔직히 말해서 우리 대다수는 그렇게 많은 교훈을 얻은 후에야 그 사실을 깨닫기를 바라지 않았다. 바로 그 사실은 우리가 좀 더 확고한 대비를 했더라면, '하지 말아야 할 것!'이라 불리는 쳇바퀴를 다람쥐처럼 돌리며 많은 세월을 보내지 않았을지도 모른다는 것이다.

예전에는 목사들과 찬양 인도자가 따로 있었다. 찬양 인도 시간에 이미 성찬식이 정해져 있거나 목사가 예배의 윤곽을 잡았다. 음악 인도자 자신이 어떠한 상황에 처해 있었던지 간에 그는 자신이 맡아야 할 분야를 알고 있었으며, 그 분야는 분명히 신학 학위를 포함하고 있지 않았다. 예배가 하나님께(진짜 하나님이기를 바라면서) 영광을 돌리도록 하는 것은 담임목회자가 할 일이었다. 복음을 확실히 선포하는 것과 기도자 명단을 작성하고 주일에 적절한 성경구절과 광고를 주보에 넣는 것도 담임목회자의 몫이었다. 또한 예술 학위도 찬양 인도자의 분야에 포함되지 않았다. 20년 전에 음악 인도자들은 드라마나 미술, 시, 또는 무용에 대해 전혀 알 필요가 없었다. 그들의 일은 일차원적이었다. 주일이나 목사의 설교말씀에 알맞은 음악을 찾아서, 가능한 가장 완벽하고 주제에 어울리는 전주곡과 적절한 교독문, 찬송가, 성가대 찬양, 독주곡 그리고 후주곡의 일괄 프로그램(package)을 준비하는 것이 그들의 할 일이었다.

자, 그런데 무슨 일이 일어났는지 아는가? 지난 20년 동안 몇 가지 현상으로 인하여 예배 인도자의 옛 역할이 무용지물이 되어 버리고 말았다. 첫 번째 현상으로 대부분의 교인들은 신학적으로 무지해졌다. 우리는 이제 교인들이 예배가 무엇인지를 알고 있다고 가정할 수 없다. 그리고 그들이 천지창조와 인류의 타락(the Fall) 그리고 구원의 기초를 알고 있다고 추측할 수조차 없다.

둘째로 교인들의 진실을 분별하는 감각은 한 주가 지날 때마다 점점 더 교양 있고 정교해지고 있다. 마치 교회 문에 들어서면서 그들에게 적외선 장치가 달린 안경이 주어진 것처럼 보인다. 그들은 순식간에 거짓된 신앙을 간파할 수 있다.

세 번째로 우리는 마침내 예배가 음악과 동일하지 않다는 것을 깨달았다. 예배는 음악을 포함할 수는 있지만 그 둘은 똑같지 않다. 그래서 우리는 네 번째이자 마지막 현상에 도달하게 된다. 그 현상은 새 천년에 사람들이 교회에 오는 첫째로 가장 중요한 이유는 단순히 정보를 입수하는 것이 아니라 하나님을 체험하기 위해서라는 것이다. 그래서 교인들은 하나님과의 만남이 일어나려 할 때—단순히 청각뿐만이 아닌—모든 감각을 동원하고 싶어 할 것이다. 좋든 싫든 간에 우리 세계는 갈수록 신비주의적이고 다감각적이며, 우뇌 위주로 되어 가고 있다. 틀에 박힌 음악(music on 'cruise control')이나, 지성에 호소하는 3중 설교를 준비하기 위한 형식적인 음악으로는 이제 충분하지 않다.

케빈 J. 나바로의 원고를 읽어 내려가면서, 나는 자신에게 "옳거니!" 하고 속삭이는 것을 깨달았다. 이 책의 내용은 모두 이치에 들어맞는다. 오늘날 효과적인 예배 인도자가 되는 것은 '완전해지는 것'이다. 그것은 단지 유명한 음대 학위를 갖고 있거나, 대단한 기타 리프를 연주할 수 있다거나, '신의 목소리'가 되는 것 이상의 의미를 지닌다. 그것은 신학적으로 깨어 있고 책임감 있으며, 매일 신앙과 생활에서 성숙해지고, 다양한 예술적 표현에 능통하며(8가지 색깔의 크레파스로 그림을 그리는 것과 36가지 색깔로 작업하는 것의 차이), 다른 사람들이 그들의 은사로 그리스도께 영광을 돌리는 표현을 열정적으로 할 수 있도록 인도할 수 있는 것을 뜻한다.

　동료 예배 인도자들이여, 완전한 예배 인도자가 되는 것이 불가능한 임무(Mission Impossible)였다면, 하나님께서는 우리를 예배 인도자로 부르시지 않았을 것이다. 그분은 우리가 지금 처한 곳—교회, 공동체, 현세기, 새 천년—을 주시지 않으셨을 것이다. 그러나 하나님께서는 그렇게 하셨다. 그리고 이런 일을 하라고 우리를 부르심으로 하나님은 우리가 신앙과 계획 안에서 최상의 신앙생활을 영위하기 바라신다. 많은 사람들에게 꼭 필요한 책인『완전한 예배 인도자』가 당신의 가장 흥분되는 여행에 안내서가 되기를 바란다. 마지막으로 이 책을 쓴 저자 케빈에게 감사드리고 싶다.

셀리 모건트헤일러(Sally Morgenthaler)

감사의글

이 책을 쓰도록 격려해 주시고 풀러신학교에서 공부하는 동안 신학적인 멘토가 되어 주신 랍 레드맨에게 감사를 표하고 싶다. 또한 로버트 N. 호세크와 베이커북 출판사의 편집부에게도 이 책이 나올 수 있게 해 준 것에 대해 감사드리고 싶다.

나는 이 책을 집필하는 사역에 몸소 인도해 준 사람들인 달라스 윌라드, C. 피터 웨그너, 셸리 모건트헤일러, 필리스 클라인, 켄 가이어, 레그 그렌트 그리고 켈빈 밀러에게 감사를 표하고 싶다.

나의 선생님들과 멘토들인 엘렌 콤스, 엘렌 에브하트, 빌 푼드, 켐 플로라, 크리스와 케롤 비티, 헤롤드 웨스팅, 버논 그라운드스, 크레그 블룸버그, 스콧 마틴, 밥 윌브라햄, 딕 패티, 달라스 윌라드, 데럴 존슨 그리고 얼 파머에게 특별히 감사드린다.

존 목사님과 베다니교회 식구들에게 감사의 말을 전하고 싶다. 이처럼 훌륭한 교회가 있어서 나는 복이 많다고 생각한다. 여러분들이 목회자와 예배 인도자로서 나를 격려해 준 것에 감사한다. 그리고 여러분의 기도에 감사드린다. 데이비드와 메리 수 웅그에게 그들이 이 프로젝트에 관심을 가져주고 끊임없이 격려해 준 것에 대하여 특별히 감사를 표하고 싶다.

나의 가족—수잔과 티모시, 메튜, 조슈아 그리고 아론—에게 감사한다. 나는 훌륭한 아내와 건강한 아이들의 축복을 받았다. 나를 항상 격려해 주고 지원해 주신 부모님, 루벤 D.와 벨마 나바로께 감사드린다.

나를 그리스도에게 인도해 주는 데 한몫을 한 알랜 콤스와 토드 윌리암스 그리고 갈보리교회 가족들에게 감사드린다. 그리고 무엇보다도 죄인인 나에게 자비를 베푸신 주 예수 그리스도께 감사드린다.

차례

예배 의식(Worship Service)은 지역 교회에서 가장 중요한 행사이며, 모든 프로그램을 이끄는 원동력(engine)이다. 그 체험에서 무엇이 일어나느냐에 따라 교회의 건강이 좌우된다. 만약 예배의 질이 떨어지고 있다면 다른 사역의 성장은 일시적이거나 저조할 것이다. 요컨대 힘이 넘치는 예배는 힘이 넘치는 교회를 낳는다.

그런데도 활력이 넘치는 예배는 그저 교회가 성장하기 위해 필요한 요소가 아니다. 예배는 교회가 존재하는 이유이다. "그러나 너희는 택하신 족속이요 왕 같은 제사장들이요 거룩한 나라요 그의 소유가 된 백성이니 이는 너희를 어두운 데서 불러내어 그의 기이한 빛에 들어가게 하신 이의 아름다운 덕을 선포하게 하려 하심이라 너희가 전에는 백성이 아니더니 이제는 하나님의 백성이요 전에는 긍휼을 얻지 못하였더니 이제는 긍휼을 얻은 자니라"(벧전 2:9-10).[1] 복음전도(evangelism)는 우리 가족과 친구 그리고 이웃들에게 '복음의 소문을 퍼뜨리는 것'이다. 주님 안에서 이렇게 자랑하는 것이 예배의 전부이다. 우리는 예술과 상징 그리고 언어를 통하여 주께서 우리를 위하여 하신 일을 선포한다. 어떤 사람들은 하나님이 우리를 위하여 무엇을 해 줄 수 있어서가 아니라 그분 자체를 찬양해야 한다고 말한다. 하지만 이것은 잘못된 구별이다. 우리는 하나님께서 창조하시고 구속하신 것, 즉 본질적으로 그분이 하신 일로 인하여 하나님의 존재를 알 수 있을 뿐이다. 이것을 염두에 둔다면, 지역 교회는 복음 전파에 가장 이상적인 장소 중의 하나이다. 이곳에서 우리는 예수님을 만왕의 왕이며 그리스도라고 선포한다.[2]

이 중요한 이벤트가 성공하기 위해서는 강력한 리더십이 필요하다. 이 책의 목적은 완전한 예배 인도자가 '되어 가는' 과정을 설명하기 위함이며, 이 과정은 계획적인 것이다. 예배 인도는 하나님께서 자신을 드러내시고 예배에 대하여 그분이 무슨 말씀을 하시는지 항상 발견해 가는 과정이다. 예배 인도자들은 하나님의 백성들이 예배에 적극적으로 참여하도록 할 수 있는 방법을 늘 생각해 내려고 노력하고 있다.

'**완전한 예배 인도자**'라는 문구에서 내가 말하고자 하는 것은 예배 인도에 요구되는 조화이다. 이것은 네 가지 요소로 구성된다. 그것은 신학과 제자도, 예술성 그리고 리더십이다. 효과적인 예배 인도는 이 요소들을 조화시킨다. 이 네 가지 범주의 특성을 가지고 있지 않은 예배 인도자는 아무리 잘해도 부족함이 있다. 이 책의 주요 부분들은 신학자와 제자, 예술가 그리고 인도자가 되는 것에 초점을 둘 것이다. 이 네 가지 범주를 숙달함으로 평범한 예배 인도자가 완전한 예배 인도자로 변화될 것이다.

이러한 네 가지 범주를 각각 두 단원씩 할애하여 다룰 것이다. 우리는 1부(신학자 되기)에서 계시와 구속을 살펴볼 것이다. 2부(제자 되기)에서는 구원과 선포를 자세히 고찰해 볼 것이며, 3부(예술가 되기)에서는 감상과 창조라는 주제를 살펴보게 될 것이다. 마지막 부분(리더 되기)에서는 시범과 참여에 대하여 자세히 살펴볼 것이다. 그리고 리더십에 대해 두 장을 더 추가함으로 이 책을 마무리할 것이다.

이 책은 연구와 개인적인 여정에 기초를 두고 있다. 나는 지역 교회에서 예배를 인도하는 사람의 입장에서 이 책을 썼다. 나는 예배 인도에서 무엇을 피해야 하는지를 배웠다. 또한 예배 인도를 풍성하게 하는 중요한 원리들을 발견해 왔다. 이 책이 교회 안에서 드리는 우리 예배에 영향을 미치기 바란다. 이 책을 통해 담임목사님과 예배 인도자 그리고 교인들에게 이번 주 우리에게 가장 중요한 행사인 예배가 실질적인 도움이 되도록 하나님께서 사용하시기 바란다.

part 01

신학자 되기

 서론

예배 인도자는 누구나 신학자가 되어야 한다. 신학은 하나님에 대한 우리의 사상을 다루기 때문에 매우 중요하다. 신학은 우리가 하나님을 섬기고 예배하는 방법에도 지대한 영향을 끼친다. 윌리암 H. 윌리몬 (William H. Willimon)은 그의 저서 『목회적 돌봄으로서의 예배』(*Worship As Pastoral Care*)에서 이렇게 말하고 있다.

> 신학적인 의문을 갖는다는 것은 "우리 예배가 하나님에 대하여 무엇을 말해 주는가?" 또는 "우리 예배에 대하여 하나님은 무엇이라고 말씀하시는가?"라는 당연한 질문을 단순하게 묻는 것이다. 분명히 이것은 가장 어렵고도 기초적인 질문이다. 그러나 이상하게도 이 의문은 우리가 가장 마지막에 던지는 질문이다. 보편적으로 우리는 예배에 관하여 생각할 때에 "나는 우리 예배에서 무엇을 원하는가?" 혹은 "**나의 교인들**은 우리 예배에서 무엇을 원하는가?" 등의 질문을 먼저

하곤 한다. 그러면서도 우리는 "하나님께서는 우리의 예배에서 무엇을 원하는가?"라는 질문을 던질 정도로 대담하지는 못하다. 우리 예배는 아브라함과 이삭 그리고 야곱의 하나님을 섬기는가? 아니면 바알과 아프로디테 그리고 큐피드에게 예배를 드리는가? 우리 예배는 기도와 찬양이 도달해야 할 성경적 기준에 비추어 볼 때 완전한가? 오늘날 우리가 드리는 대부분의 예배는 너무나 자기중심적이며, 세속적이고 생기가 없다.

어떻게 하면 우리가 복음에 충실할 수 있는가? 신학적인 질문을 던지고 그 질문을 심각히 고민하며 답변을 모색하지 않는 이상 어떻게 세속적인 우상 숭배와 기독교 예배의 차이를 분별할 수 있겠는가?[1]

나의 교수님 중에 한 분이신 달라스 윌라드(Dallas Willard)는 강의 중에 "우리는 우리 사상대로 살아간다."고 말씀하신 적이 있다. 하나님과 예배에 대한 우리의 사상에 대하여 생각할 때도 이 말은 그대로 적용된다. 우리가 드리는 예배가 정확하기 위해서는 우리의 신학이 정확해야만 한다. 자신을 드러내신 하나님을 고의적으로 외면하는 것은 우상 숭배로 전락할 뿐이다. 예배가 우리에 의하여 시작되는 것이 아니라는 전제는 신학자가 되는 것에 관한 논쟁(discussion)을 시작할 것이다. 하나님께서 예배를 개시하는 것이지, 우리가 하는 것이 아니다. 하나님께서는 신학자들이 일반계시(general revelation)와 특별계시(special revelation)로 분류한 것을 통하여 자신을 드러내셨다. 이 시점부터 내가 특별계시에 대하여 말할 때, 그것을 구속(redemption)이라고 하겠다.

일반계시(general revelation)는 하나님께서 천지 만물과 각 사람들 안에 도덕적인 양심을 창조하신 것의 결과로 인하여 우리에게 생긴 지식을 가리킨다. '일반계시'라는 용어는 이 세상에서 살아가는 바로 그 본질로 인하여, 그들이 믿는 사람이든 안 믿는 사람이든, 일상생활에서 체험하는 것들을 가리키는 데 사용된다. 이것이 예배신학의 시발점이다.

1장에서 나는 일반계시뿐만 아니라 우상 숭배라는 주제도 다룰 것이다. 인간은 누구나 예배자(worshiper)이다. 문제는 우리가 '예배하느냐'가 아니라 우리가 '무엇을' 예배하느냐이다. 로마서 1장은 우상 숭배의 문제를 근본적인 반항의 문제로 언급하고 있다.

2장에서는 구속의 주제를 다룰 것이다. 죄인인 인간이 하나님을 섬기는 데 실패하고, 하나님께서 우상 숭배에 대하여 우리에게 책임을 물으실 것이므로, 우리가 살아 계신 하나님을 섬기기 원한다면 우리는 거듭나야만 한다. 이스라엘이라는 민족에게 출애굽은 예배에 반드시 필요하다. 그리스도인에게는 그리스도의 죽음과 부활이 예배에 없어서는 안 된다. 사도 바울은 고린도전서 15장 17절에서 "그리스도께서 다시 살아나신 일이 없으면 너희의 믿음도 헛되고 너희가 여전히 죄 가운데 있을 것이요."라고 말하고 있다.[2] 이 말씀에 근거하면 양이신 예수님의 피로 구속된 사람들만이 진정한 예배를 드릴 수 있다.

"믿음으로 모든 세계가 하나님의 말씀으로 지어진 줄을 우리가 아나니 보이는 것은 나타난 것으로 말미암아 된 것이 아니니라."(히 11:3) 예배는 자신을 드러내신 하나님에 의해 시작된다. 시편 기자는 이렇게 기록하고 있다. "하늘이 하나님의 영광을 선포하고 궁창이 그의 손으로 하신 일을 나타내는도다 날은 날에게 말하고 밤은 밤에게 지식을 전하니 언어도 없고 말씀도 없으며 들리는 소리도 없으나 그의 소리가 온 땅에 통하고 그의 말씀이 세상 끝까지 이르도다."(시 19:1-4)

창조주 하나님을 인식함으로써 완전한 예배 인도자가 되기 시작한다. 바로 이 창조주 하나님께서 우리 창조성에 영감을 불러일으키신다. 우리가 예배드리도록 하시는 분도 천지 만물을 지으신 하나님이시다.

많은 교회들은 예배의 신비로움을 대부분 잃어버렸다. 그 이유는 하나님과 우리가 지나치게 친밀하기 때문이 아니다. 어떤 사람들은 우리가 무언가와 더 친밀할수록 더 쉽게 지루해진다는 식의 논리를 전개할지도 모른다. 그러나 이것은 사실이 아니다. 우리는 장미꽃을 바라보고 그 꽃의 향긋한 냄새를 맡을 때 감탄하지 않는가? 하나님과의 관계도 그러해야 한다. 우리는 하나님을 알면 알수록 더욱더 그분의 사랑에 감격하게 된다. 현대 기독교의 문제는 하나님과 친밀해서가 아니라 오히려 그분에 대한 무지와 무반응 그리고 무관심에 있다.[1]

우리가 은빛 단풍나무에서 잎이 피어나는 것을 바라볼 때 창조주는 우리의 주의를 끌려고 의도적으로 그러는 것이다. 하지만 애처로운 우리의 무지몽매함이 하나님을 바라보지 못하게 방해한다. 예배는 이미 존재하시는 하나님을 만남으로 말미암아 시작된다. 이것은 일반계시로도 알려져 있는데, 왜냐하면 신자이건 아니건 간에 인간이란 존재는 이 세상에서의 삶의 본질로 인하여 구하는 것을 받기 때문이다.[2] 데이비드 피터슨(David Peterson)은 그의 저서 『하나님과 씨름하기』(*Engaging with God*)에서 이렇게 말한다. "용납될 만한 예배는 인간의 직관 또는 창의력이 아닌 하나님의 역사하심으로 시작된다."[3] 우리가 예배라는 주제를 올바르게 이해하려면 이 진리를 반드시 이해해야 한다.

하나님께서 이렇게 말씀하셨다. "너는 나 외에는 다른 신들을 네게 두지 말라 너를 위하여 새긴 우상을 만들지 말고 또 위로 하늘에 있는 것이나 아래로 땅에 있는 것이나 땅 아래 물속에 있는 것의 어떤 형상도 만들지 말며."(출 20:3-4)[4] 전지전능한 주 하나님과 인간의 손으로 만든 신들 사이에 확실한 구분이 있어야 했다. 하나님의 백성들은 하나님께서 자신에 대하여 드러내신 것에 주의를 기울임으로써 그 차이점을 알 수 있었다. 그들이 영과 진리 안에서 예배를 드릴 수 있는 유일한 방법은 그들이 섬기는 분을 아는 것이다.

신학은 발명이 아닌 발견에 관한 것이다. 우리는 신을 만드는 것이 아니라 원래 존재하시는 하나님을 발견하는 것이다. J. I. 패커(J. I. Packer)는 "신학은 신에 대한 찬미와 헌신을 위한 것이다."라고 했다.[5]

우리의 모든 감각을 동원하여 창조주께 감사드리는 어린아이처럼 되는 것은 지극히 중요하다. "오직 주는 여호와시라 하늘과 하늘들의 하늘과 일월성신과 땅과 땅 위의 만물과 바다와 그 가운데 모든 것을 지으시고 다 보존하시오니 모든 천군이 주께 경배하나이다."(느 9:6) 하나님의 창조물을 볼 수 있는 눈을 갖는 것은 완전한 예배 인도자가 되는 데 필수적이다.

시인들은 흔히 자연으로부터 영감을 받는다. 루시 쇼우(Luci Shaw)가 쓴 「페토스키 돌을 광내기」(*Polishing the Petoskey Stone*)는 내가 가장 좋아하는 시 중 하나이다. 이 시에서 그녀는 페토스키(Petoskey) 돌을 묘사하는데, 그 돌을 손으로 비비면 눈동자의 모습을 띠기 시작한다. 미시간 호숫가에서 이 돌을 발견하려면 관찰력이 뛰어나야 한다. 처음에 이 돌은 진흙과 오물로 뒤덮인 다른 돌들처럼 보잘것없어 보이지만, 그 돌에 윤을 내기 시작하면 마치 영혼의 눈동자를 들여다보고 있는 것 같은

투명한 모습이 당신의 눈길을 사로잡을 것이다.[6]

이 시를 생각해 보면서 나는 그분의 창조물을 통하여 자신을 드러내신 하나님의 방법이 생각난다. 그분은 은하계들과 별, 행성, 하늘, 지구, 물 그리고 모든 살아 있는 생물체를 섬세한 예술가의 솜씨로 창조하셨다. 그분은 자신을 드러내기 위하여 이 모든 것을 하셨다. 하나님께서는 자신이 존재하며, 질서와 아름다움의 신이라는 것을 우리가 알기 바라신다.

신약성경에 보면, 루스드라에서 사도 바울과 바나바가 앉은뱅이를 치료해 주자 사람들이 그들을 숭배하기 시작했다. 그들은 바나바를 쓰스(Zeus)라고 하고, 바울은 그중에서 말하는 자이므로 허메(Hermes)라 했다. 본문은 우리에게 이렇게 이야기해 준다. "두 사도 바나바와 바울이 듣고 옷을 찢고 무리 가운데 뛰어 들어가서 소리 질러 이르되 여러분이여 어찌하여 이러한 일을 하느냐 우리도 여러분과 같은 성정을 가진 사람이라 여러분에게 복음을 전하는 것은 이런 헛된 일을 버리고 천지와 바다와 그 가운데 만물을 지으시고 살아 계신 하나님께로 돌아오게 함이라."(행 14:14-15) 바울과 바나바는 자신들에게 주의를 집중시키지 않고 살아 계신 하나님께 사람들의 관심을 돌림으로써 구원받는 방법을 제시한다. 우리는 천지 만물을 지으신 하나님이 있다는 사실을 알려 주어야 한다. 그분은 역사와 자연 질서의 주권자이시다.[7] 예배는 우주를 창조하신 이 하나님을 인정하는 것으로부터 시작된다. 가장 멀리 떨어져 있는 별에서 생물학적 세계의 복잡함에 이르기까지, 이 모든 것의 배후에 최고의 디자이너가 있다. 우리 자신 역시 이러한 하나님의 창조적인 디자인의 일부라는 사실은 우리가 천지 만물을 창조하신 그분을 섬기는 사람들이 되고 싶어 한다는 것으로 증명된다. 우리는 그분의 이름에 합당한 영광과 경의를 돌리기 바란다.[8]

■■ 천지창조와 안식일의 관계

나는 안식일이 천지창조와 연관되어 있다는 것을 무척 흥미롭게 생각한다. "이는 엿새 동안에 나 여호와가 하늘과 땅과 바다와 그 가운데 모든 것을 만들고 일곱째 날에 쉬었음이라 그러므로 나 여호와가 안식일을 복되게 하여 그날을 거룩하게 하였느니라."(출 20:11) 랍비 아브라함 요슈아 헤셸(Rabbi Abraham Joshua Heschel)은 그의 저서 『안식일』(*The Sabbath*)에서 매우 심오한 의견을 제시한다.

과연, 창세기의 천지창조 이야기의 마지막에 **카도쉬**(qadosh)라는 용어가 처음으로 사용된 것은 참으로 특별한 경우이다. 그 단어가 시간에 적용되었다는 사실이 얼마나 대단하게 주목할 만한지 모른다. "하나님이 그 일곱째 날을 복되게 하사 **거룩하게 하셨으니**"(창 2:3상). 천지창조의 기록에 우주 만물에 있는 어떠한 사물에도 거룩함이라는 특성이 부여되었다는 언급이 없다. 이것은 관습적인 종교적 사고로부터의 급진적인 탈피이다. 신비주의적인 사람들은 천지 만물이 다 지어진 후에, 하나님께서 신전이 세워질 거룩한 장소―거룩한 산이나 거룩한 샘물―를 만드시리라 예상했을지도 모른다. 그런데도 성경에는 마치 **시간 속의 거룩함**, 즉 안식일이 우선인 것처럼 보인다.[9]

이스라엘 민족(covenant people)이 관찰했던 이 시간의 거룩함은 하나님께서 6일 동안 창조하시고 일곱째 날에 안식하신 것과 관련되어 있다. 하나님은 창조하시고 안식일에는 안식을 취하신 분으로 인정받기 원하신다. 하나님은 하루를 제쳐 두어서 그분이 홀로 창조주라는 것을 그의 백성들에게 상기시켜 주고 싶어 하신다. 완전한 예배 인도자는 창조주 하나님의 진가를 인정해야 한다. 그래야지 이 시점에서 그 인도자가 마음의 평정(equilibrium)을 찾을 것이다.

■■ 모든 인간의 도덕적 양심에 있는 일반계시

일반계시의 다음 요점은 하나님께서 모든 인간을 자신의 형상대로 지으셨다는 것이다. "하나님이 이르시되 우리의 형상을 따라 우리의 모양대로 우리가 사람을 만들고 그들로 바다의 물고기와 하늘의 새와 가축과 온 땅과 땅에 기는 모든 것을 다스리게 하자 하시고 하나님이 자기 형상 곧 하나님의 형상대로 사람을 창조하시되 남자와 여자를 창조하시고."(창 1:26-27)[10] 우리는 이 우주 만물의 하나님을 반영하는 존엄성을 지니고 있다.

월요일 아침마다 나는 큰아들인 티모시와 아침 식사를 한다. 우리는 최근에 우리가 어떻게 하나님의 형상대로 창조되었는지를 공부했다. 일곱 살 난 내 아들은 그의 애완견이나 금붕어와는 달리 나에게 체커 게임을 하자고 말할 수 있다. 우리가 동물과는 다르게 하나님의 영광을 반영한다는 가장 확실한 증거 중에 하나는 언어를 사용할 수 있는 능력이다. 하지만 이것만 있는 것이 아니다.

하나님께서는 우리에게 또한 도덕적인 양심을 주셨다. 따라서 하나님에 관한 지식에 대하여 이야기할 때 우리는 핑계를 댈 수 없다. 인간은 누구나 이 지식에 책임을 져야 한다. 일반계시의 일부는 우리 각자가 도덕적인 한계를 가지고 지어졌다는 것이다. 우리는 옳은 것과 그른 것을 안다. 이러한 도덕적인 특성을 가지고 있기에 하나님께서 우리에게 책임을 물으시는 것이다.

■■■ 우상 숭배: 인간적인 성향

인간은 누구나 예배자이다. 우리가 창조주를 섬기지 않으면 창조물을 섬길 것이라고 성경은 우리에게 말해 주고 있다. 우리 마음은 수직적인 자세에서 수평적인 자세로 바뀔 것이다. 우리는 유신론 대신에 자연론을 신봉할 것이다. 사도 바울은 이렇게 말했다. "하나님의 진노가 불의로 진리를 막는 사람들의 모든 경건하지 않음과 불의에 대하여 하늘로부터 나타나나니 이는 하나님을 알 만한 것이 그들 속에 보임이라 하나님께서 이를 그들에게 보이셨느니라 창세로부터 그의 보이지 아니하는 것들 곧 그의 영원하신 능력과 신성이 그가 만드신 만물에 분명히 보여 알려졌나니 그러므로 그들이 핑계하지 못할지니라."(롬 1:18-20)

우상 숭배는 자신을 보여 주신 하나님을 인류가 고의적으로 외면하는 것이다. 우리가 하나님의 창조물을 바라볼 때, 그분에게 감사를 드리는 것이 우리의 자연스러운 반응이어야 한다. 우리는 삶이라는 선물과 그분의 공급하심(provision) 그리고 그 밖의 셀 수 없는 축복들을 매일같이 즐긴다.

예배는 하나님 없이는 생명도 없으며, 삶의 기본적인 필요에 대한 도움도 없다는 것을 인식함으로 시작된다. 그래야지 우리의 가난함과 그분의 공급하심을 인식한다. 하나님께 우리가 얼마나 감사해 하는지를 알려 드려야 한다. 이것이 예배의 시작이며, 찬미의 시발점이다. 창조주에 대한 건강한 시각이 없다면, 우리 예배는 항상 제 기능을 발휘하지 못할 것이다.

하나님께서 예배를 시작하셨으므로, 우리는 이 하나님만을 섬기는 성향이 있다고 생각할지도 모른다. 그러나 역사는 이 반대가 사실이라는 것을 입증해 준다. 우리의 자연스러운 욕구는 하나님만 '빼고' 모든 것을 숭배하는 것이다. 우리는 우상을 생산해 내는 공장이다. 그 이유가 무엇일까?

왜 우리는 우상을 숭배하는 성향이 있는가?

우리가 우상을 숭배하는 성향이 있는 주요 이유는 타락한 본성을 타고났다는 것이다. 이 타락으로 인하여 우리는 하나님만 빼고 모든 것을 사랑한다. 사도 바울은 고린도전서 15장 22절에서 "아담 안에서 모든 사람이 죽은 것같이"라고 말하고 있다. 바울은 아담이 죽음의 대표자라는 이 주제를 로마서 5장 12-21절에서 언급한다.

> 그러므로 한 사람으로 말미암아 죄가 세상에 들어오고 죄로 말미암아 사망이 들어왔나니 이와 같이 모든 사람이 죄를 지었으므로 사망이 모든 사람에게 이르렀느니라 죄가 율법 있기 전에도 세상에 있었으나 율법이 없었을 때에는 죄를 죄로 여기지 아니하였느니라 그러나 아담으로부터 모세까지 아담의 범죄와 같은 죄를 짓지 아니한 자들까지도 사망이 왕 노릇 하였나니 아담은 오실 자의 모형이라
> 그러나 이 은사는 그 범죄와 같지 아니하니 곧 한 사람의 범죄를 인하여 많은 사람이 죽었은즉 더욱 하나님의 은혜와 또한 한 사람 예수 그리스도의 은혜로 말미암은 선물은 많은 사람에게 넘쳤느니라 또 이

선물은 범죄한 한 사람으로 말미암은 것과 같지 아니하니 심판은 한 사람으로 말미암아 정죄에 이르렀으나 은사는 많은 범죄로 말미암아 의롭다 하심에 이름이니라 한 사람의 범죄로 말미암아 사망이 그 한 사람을 통하여 왕 노릇하였은즉 더욱 은혜와 의의 선물을 넘치게 받는 자들은 한 분 예수 그리스도를 통하여 생명 안에서 왕 노릇하리로다

그런즉 한 범죄로 많은 사람이 정죄에 이른 것같이 한 의로운 행위로 말미암아 많은 사람이 의롭다 하심을 받아 생명에 이르렀느니라 한 사람이 순종하지 아니함으로 많은 사람이 죄인 된 것같이 한 사람이 순종하심으로 많은 사람이 의인이 되리라

율법이 들어온 것은 범죄를 더하게 하려 함이라 그러나 죄가 더한 곳에 은혜가 더욱 넘쳤나니 이는 죄가 사망 안에서 왕 노릇한 것같이 은혜도 또한 의로 말미암아 왕 노릇하여 우리 주 예수 그리스도로 말미암아 영생에 이르게 하려 함이라

사도 바울은 이 구절에서 아담과 예수 그리스도를 비교한다. 둘은 대표자들이다. 우리가 육체적으로 태어날 때 죄가 우리에게 지워지는 방식과 똑같이 우리가 다시 태어날 때는 그리스도의 의로움이 우리에게 주어진다. 이러한 이유로 예수님께서 니고데모에게 하나님 나라를 보고 싶으면 거듭나야 된다고 말씀하신 것이다(요 3장). 우리가 단지 육체적으로 태어났다면 우리는 유죄판결을 받았을 것이다. 우리는 죄를 지었기 때문에 죄인이 아니라, 오히려 죄인들이기 때문에 죄를 짓는다. 우리의 본성은 죄를 짓는 것이며, 이방신을 섬기는 것이다. 바울이 로

마서에서 언급한 바와 같이 우리는 핑계를 댈 수 없다. 우리는 하나님의 적이며, 반역자들이다.

우리는 우리가 사랑하는 것을 숭배한다. 이렇기 때문에 거듭나는 것이 무엇보다 중요하다. 이것은 단지 영원한 구원에 관한 문제가 아니라 예배에 관한 문제이다. 회개하지 않은 사람들은 하나님을 갈망하거나, 사랑하거나, 섬기고 싶어 하지 않는다. 우리는 '구도자들'(seeker)을 위한 예배신학을 형성할 때 이것을 마음속에 새겨 두어야 한다.

믿지 않는 사람들이 하나님을 섬기지 않는다고 말할 때, 믿는 사람들이 그들에게 친절을 베풀지 말아야 한다고 말하는 것은 아니다. 우리는 우리가 받은 긍휼로 복음을 듣지 못한 사람들에게 손을 뻗쳐야 한다. 우리 교회는 길을 잃은 이들을 위한 공간이 항상 있어야 한다. 예수님께서 이렇게 말씀하셨다. "예수께서 들으시고 이르시되 건강한 자에게는 의사가 쓸데없고 병든 자에게라야 쓸데 있느니라 너희는 가서 내가 긍휼을 원하고 제사를 원하지 아니하노라 하신 뜻이 무엇인지 배우라 나는 의인을 부르러 온 것이 아니요 죄인을 부르러 왔노라 하시니라."(마 9:12-13) 그렇지만 오직 성령님이 개입하셔야만 이 적군에게 사로잡힌 포로들이 자유로워질 수 있다는 것을 염두에 두라.

회개 – 진정한 예배를 위한 가장 핵심적 요소

내가 초등학교 5학년이었을 때, 부모님께 트럼펫을 사 달라고 졸랐던 적이 있었다. 부모님은 마침내 나의 요구를 받아들이고 가게에서 악기를 구입하셨다. 나는 매일같이 트럼펫에 광을 내기 위하여 청소용 헝겊을 사용하였다. 그래서 이 악기는 정말로 환상적인 광택이 났다. 나에게 자동차용 왁스가 좀 있었다면 아마 그것도 사용했을 것이다. 그러나 2년 후에 트럼펫 교습을 받기 전까지 나는 트럼펫 '내부'도 청소해야 한다는 사실을 몰랐다. 나는 나의 빛나는 금관악기 안에 살고 있었던 악취가 나는 녹색 이끼를 발견했던 때를 결코 잊을 수가 없다. 그것은 끔찍한 경험이었다.

이것과 동일한 방식으로 우리 삶에서도 이러한 일이 일어난다. 겉으로 보기에 우리는 빛이 나고 훌륭해 보인다. 하지만 우리 내면을 들여다보면 냄새나는 쓰레기로 가득 차 있다. 우리는 내면을 한 번도 청소하지 않고 수년 동안 살아갈 수 있다. 요한일서 1장 8-10절은 이렇게 말씀한다. "만일 우리가 죄가 없다고 말하면 스스로 속이고 또 진리가 우리 속에 있지 아니할 것이요 만일 우리가 우리 죄를 자백하면 그는 미쁘시고 의로우사 우리 죄를 사하시며 우리를 모든 불의에서 깨끗하게 하실 것이요 만일 우리가 범죄하지 아니하였다 하면 하나님을 거짓말하는 이로 만드는 것이니 또한 그의 말씀이 우리 속에 있지 아니하니라."

회개는 예배에 있어서 기본이다. 그래함 켄드릭(Graham Kendrick)은 그것을 이런 식으로 표현했다. "우리 예배의 진실됨은 소리의 데시벨(dB: 음향 강도의 단위—역주)로 측정될 수 없다. 우리가 하나님에게 사랑을 표현하는 것이 지극히 중요하기는 하지만, 그분은 우리 삶에서 그 증거를 찾으신다. 우리는 회개가 예배라고 늘 생각하지는 않지만, 우리가 가장 좋아하는 죄에서 등을 돌리는 것보다 감동적인 찬송을 부르는 것이 훨씬 쉽다. 죄스러운 행위는 잘못된 종류의 예배와 연관되어 있다. 우리는 그 순간에 우리 교만이나 욕망의 욕구를 채우는 데 자신을 맡긴다. 그러므로 회개란, 말 그대로 우리의 예배를 받기에 합당하신 분에게로 돌이키는 것이다."[11]

하나님을 사랑한다 하면서 이 세상에 보화를 쌓아 두는 것은 어울리지 않는 행동이다. 예수님께서 보물이 있는 그곳에 네 마음도 있다고 말씀하셨다(마 6:21). 우리는 세상과 벗한 것을 회개해야만 한다. 우리는 세상을 뒤로 하고 십자가를 바라보아야만 한다.. "이 세상이나 세상에 있는 것들을 사랑하지 말라 누구든지 세상을 사랑하면 아버지의 사랑이 그 안에 있지 아니하니 이는 세상에 있는 모든 것이 육신의 정욕과 안목의 정욕과 이생의 자랑이니 다 아버지께로부터 온 것이 아니요 세상으로부터 온 것이라 이 세상도, 그 정욕도 지나가되 오직 하나님의 뜻을 행하는 자는 영원히 거하느니라."(요일 2:15-17) 그렇다면 왜 그리스도인이라고 자칭하는 사람들이 우상 숭배에 다시 빠져드는가?

왜 거듭난 사람들이 우상 숭배에 빠져드는가?

거듭났다고 자칭하는 사람들이 우상 숭배에 빠져드는 근본적인 이유는 하나님의 말씀을 외면하기 때문이다. 오늘날 우리 기독교회에는 아무도 이의를 제기하지 못할 정도로 성경말씀에 대한 문맹률이 높다. 우리는 교인들이 말씀을 알아야 한다고 격려하지 않는다. 우리는 예배 인도자로서 교인들의 성경적 무지에 대하여 도대체 무엇을 하고 있는가? 우리는 말씀이 하나님에 대하여 가르치는 바를 제대로 알고 있는가? 우리는 자신이 말씀을 공부했다는 것을 입증할 수 있는가?

예배 인도자로서 우리는 성경읽기에 대해 체계적으로 접근함으로써 자신을 무장할 수 있으며, 1년 성경통독계획은 이를 위한 아주 좋은 출발점이다. 이 통독계획은 보통 그날에 맞는 구약성경 일부와 신약성경 일부, 시편 한 편 그리고 잠언을 포함한다. 그것을 다 읽는 데는 20분 정도 소요된다. 이와 같은 계획은 성경의 전체적인 맥락을 보여 주며 또한 무엇을 읽어야 하는지 고민하는 문제를 덜어 주기 때문에 매우 유익하다.

비평가들은 우리가 1년 안에 성경을 일독하는 데 집착하다 보면 묵상을 소홀히 하게 된다고 비판한다. 물론 나는 본문에 대한 이해 없이 매일매일 읽어야 할 분량들을 단순히 체크하는 방식을 주장하는 것이 아니다. 우리는 주님께서 우리에게 하시고자 하는 말씀이 무엇인지를 늘 깊이 묵상해야 한다. 나는 우리가 성경을 체계적으로 읽으면서도 동시에 묵상할 수 있다고 믿는다.

우리는 말씀을 읽을 때 하나님을 발견하기 위하여 읽어야 한다. 그러나 우리는 항상 성경을 자신의 수양을 위한 책(self-help book)으로 읽는 경향이 있다. 우리는 말씀을 통하여 자신을 드러내신 하나님을 어떻게 발견할 수 있느냐보다 어떻게 우리가 성공적인 삶을 영위할 수 있는지를 배우고 싶어 한다. 나는 최근에 호세아에 관한 성경공부 소그룹을 인도했다. 이 그룹은 이 책의 핵심 주제가 이스라엘의 불신앙이라고 생각했다. 나는 이 책의 핵심 주제가 이스라엘의 불신앙이 아니라 이스라엘이 충성하지 않은 와중에도 하나님께서 보여 주신 헌신과 사랑이라고 지적했다. 우리가 성경을 이러한 관점에서 읽다 보면 하나님의 존재와 그분이 이루신 업적을 찬양하게 될 것이다.

우리가 하나님께 예배를 드리려면 하나님을 알아야 한다. 그리고 지식은 말씀을 통하여 하나님과 관계를 맺는 데서부터 생긴다. 그분은 성구에 기록된 대로 창조와 대속의 행위를 통하여 자신을 드러내셨다. 우리가 이러한 사건을 모른다면 하나님에 관한 지식에서도 무지할 수밖에 없다.

우리는 시편 46편 8-10절의 말씀에서 다음과 같은 권고를 받는다. "와서 여호와의 행적을 볼지어다 그가 땅을 황무지로 만드셨도다 그가 땅 끝까지 전쟁을 쉬게 하심이여 활을 꺾고 창을 끊으며 수레를 불사르시는도다 이르시기를 너희는 가만히 있어 내가 하나님 됨을 알지어다 내가 뭇 나라 중에서 높임을 받으리라 내가 세계 중에서 높임을 받으리라 하시도다." 주님은 자신이 높임을 받을 것이며 우리는 가만히 그분의 하나님 됨을 알기에 힘써야 한다고 분명히 말씀하신다. 이것은 완전한 예배 인도자에게 절실히 필요한 말씀이다. 하나님의 백성을 예배로 인도하고자 하는 사람이 먼저 주님을 알아야만 한다. 우리는 천지 만물의 하나님을 섬기고 있다고 생각하지만 실상은 상상 속의 우상을 섬기는 착각 속에 있는지도 모른다.

우리는 우상 숭배를 회개하고 천지 만물을 창조하신 주님에 관한 지식으로 돌아와야 한다. 우리는 세상을 창조함으로 또 성경말씀을 통하여 자신을 드러내신 하나님께 예배를 드려야 한다. 예배는 진공에서 창조되지 않는다. 오히려 우리는 하나님의 좋으심과 은혜를 받아들이는 사람들이다. 그래서 우리는 영광을 돌리는 마음으로 하나님께 감사와 찬송으로 화답해야 한다.

💡 단원 요약

나는 완전한 예배 인도자는 제일 먼저 신학자가 되어야 한다고 했다. 또한 그 신학은 계시에 관한 문제라고 주장했다. 이것이 우리가 예배 인도자로서 다루는 기본적인 내용이다. 우리는 하나님께서 자신을 드러내셨다는 것과 인간이면 누구에게나 예배에 대한 책임을 물으신다는 것을 이해해야 한다. 더군다나 모든 인간은 예배자이지만 흔히 하나님 이외의 다른 것을 숭배한다는 사실을 살펴보았다. 그러므로 우리는 심판을 받을 수밖에 없다. 예배 인도자는 이 사실을 당연히 알아야 한다. 왜냐하면 이것이 다음 의문을 던지기 때문이다. "누가 살아 계신 하나님께 예배를 드릴 자격이 있는가?" 다음 장에서 이 문제를 살펴볼 것이다.

특별계시(Special Revelation)는 성경에 기록된 대로, 하나님께서 그분의 구속적인 사역을 통하여 자신을 드러내신 것을 말한다.[1] 우리가 신약에서 말한 예수 그리스도를 통한 하나님의 구속사역에 대하여 논의하기 전에 출애굽기에 초점을 두며 구약을 살펴보자. 이 사건을 이해하는 것은 우리에게 대단히 중요하다. 왜냐하면 이 사건이 유대주의를 위한 예배 의식(liturgy)을 성립하였기 때문이다.

■■ 그의 백성을 구원하시는 하나님

구약성경에서 예배의 절정은 출애굽이었다. 이 사건은 이스라엘 민족이 애굽의 노예생활로부터 해방되는 것을 기념했다. 출애굽기는 주님께서 어떻게 그의 백성을 약속의 땅으로 데려오시는지를 낱낱이 기록하고 있다. 하나님은 이방인들에게 그분이 하나님이라는 것을 입증하기를 원하셨다. 신약에 보면 하나님께서 이 일을 위하여 바로를 세웠다고 말씀하고 있다(롬 9:17). 하나님은 그의 백성들에게 자신만이 적들로부터 그들을 구할 수 있다는 것을 보여주기 원하셨다. 그분은 자신이 창조한 세상으로부터 분리된 이방신이 아니셨다. 오히려 그분은 발생하는 모든 사건을 예측하실 수 있으셨다. 이러한 까닭에 그의 백성이 즐거워할 수 있었다.

성경에 처음으로 기록된 찬양 중에 하나는 모세의 노래 또는 해방의 노래라 불린다. 하나님께서 그의 백성을 어떻게 구하셨는지를 기념하는 이 노래는 출애굽기 15장에 기록되어 있다.

> 내가 주님을 찬송하련다.
> 그지없이 높으신 분, 말과 기병을 바다에 처넣으셨다!
> 주님은 나의 힘, 나의 노래,
> 나의 구원, 주님이 나의 하나님이시니,
> 내가 그를 찬송하고, 주님이 내 아버지의 하나님이시니,
> 내가 그를 높이련다.
> 주님은 용사이시니, 그 이름 주님이시다.
> 바로의 병거와 그 군대를 바다에 던지시니,
> 빼어난 장교들이 홍해에 잠겼다.
> 깊은 물이 그들을 덮치니,
> 깊은 바다로 돌처럼 잠겼다.

주님, 오른손이

권능으로 영광을 드러내셨습니다.

주님, 주님의 오른손이

원수를 쳐부수셨습니다.

주님께서 큰 위엄으로

주님을 대적하는 사람들을 내던지셨습니다.

주님께서 분노를 일으키셔서,

그들을 검불처럼 살라 버리셨습니다.

주님의 콧김으로 물이 쌓이고,

파도는 언덕처럼 일어서며,

깊은 물은 바다 한가운데서 엉깁니다.

원수는 말하기를 '내가 그들을 뒤쫓아 따라잡고,

약탈물을 나누며,

나의 욕망을 채우겠다.

내가 칼을 뽑아 그들을 멸망시키겠다' 합니다.

그러나 주님께서 바람을 일으키시니,

바다가 그들을 덮었고,

그들은 거센 물속에

납덩이처럼 잠겨 버렸습니다.

주님, 신들 가운데서 주님과 같은 분이 어디에 있겠습니까?

주님과 같이 거룩하시며, 영광스러우시며,

찬양받을 만한 위엄이 있으시며,

놀라운 기적을 일으키시는,

그런 분이 어디에 있겠습니까?

주님께서 오른팔을 내어미시니,

땅이 대적을 삼켜 버렸습니다.

주님께서 한결같은 사랑으로,

손수 구원하신 이 백성을 이끌어 주시고,

주님의 힘으로 그들을 주님의 거룩한 처소로 인도하여 주십니다.

이 이야기를 듣고, 여러 민족이 두려워서 떱니다.

블레셋 주민이 겁에 질려 있습니다.

에돔의 지도자들이 놀라고,

모압의 권력자들도 무서워서 떨며,

가나안의 모든 주민도 낙담합니다.

그들이 모두 공포와 두려움에 사로잡혀 있습니다.

주님, 주님의 권능의 팔 때문에,

주님의 백성이 다 지나갈 때까지,

주님께서 속량하신 이 백성이 다 지나갈 때까지,

그들은 돌처럼 잠잠하였습니다.

주님께서 그들을 데려다가

주님의 소유인 주님의 산에 심으실 것입니다.

주님, 이곳이 바로 주님께서 계시려고 만드신 곳입니다.

주님, 주님께서 손수 세우신 성소입니다.

"주님께서 영원무궁토록 다스리실 것입니다."(출 15:1-18, 새)

이 노래는 구속을 아름답게 묘사한다. 그의 백성을 애굽으로부터 데리고 나오신 분은 하나님이셨다. 모세를 세우신 분도 하나님이셨다. 재앙을 불러일으키신 분도 하나님이셨다. 홍해를 가로질러 이스라엘 민족을 데리고 나오신 분도 하나님이셨다. 홍해에서 바로의 군대를 쳐부수신 분도 하나님이셨다. 그분은 그의 백성을 구원하셨기에 찬양받아 마땅하다. 이러한 그분의 업적이 이스라엘의 찬양 주제가 된다. 출애굽은 유대인의 예배를 위한 기념비적인 사건이 될 것이었다.

이 사건은 예배의 골자를 보여 준다. 즉 예배는 우리가 한 일이 아니라 하나님께서 이루신 일을 기념하기 위하여 있다. 유대인들은 이 목적으로부터 수차례 곁길로 빠지긴 했어도 예배의 목적을 이렇게 이해하였다.

이스라엘의 불신앙은 구약성경을 읽으면서 해석할 때 사용할 수 있는 색안경이 될 수도 있다. 그러나 구약의 진정한 주제는 하나님의 사랑이다. "내가 네게 장가들어 영원히 살되 공의와 정의와 은총과 긍휼히 여김으로 네게 장가들며 진실함으로 네게 장가들리니 네가 여호와를 알리라."(호 2:19-20) 하나님은 그의 백성에게 사랑을 호소하고 계신다. 그래서 그분은 우리의 관심을 얻으려고 노력하시는데, 이로 말미암아 우리가 하나님께 돌아와서 그분을 섬기길 바라시며 이것에 의해서 궁극적인 성취감을 맛볼 수 있기 때문이다.

시편 기자는 그의 노래를 작곡할 때 출애굽 사건을 인용하였으며,

하나님께서 이스라엘을 애굽으로부터 어떻게 해방시켰는지를 반복적으로 언급하였다. 이 사건은 환난의 시기에 하나님의 신실하심을 상기시켜준다. 시편 106장 7-12절에는 이렇게 기록되어 있다.

> 우리의 조상이 이집트에 있을 때에,
>
> 주님께서 일으키신 기적들을 깨닫지 못하고,
>
> 주님의 그 많은 사랑을
>
> 기억하지도 못한 채로,
>
> 바다 곧 홍해에서
>
> 주님을 거역하였습니다.
>
> 그러나 주님께서는 주님의 명성을 위하여,
>
> 주님의 권능을 알리시려고
>
> 그들을 구원해 주셨습니다.
>
> 주님께서 홍해를 꾸짖어 바다를 말리시고
>
> 그들로 깊은 바다를 광야처럼
>
> 지나가게 하셨습니다.
>
> 미워하는 자들의 손에서
>
> 그들을 건져 내시고,
>
> 원수의 손에서 그들을 속량해 주셨습니다.
>
> 물이 대적을 덮으므로,
>
> 그 가운데서 한 사람도 살아남지 못하였습니다.
>
> 그제서야 그들은 주님의 말씀을 믿었고,
>
> 주님께 찬송을 불렀습니다(새).

시편은 그의 백성을 구원하신 하나님을 향한 감사로 가득하다. 시편 136편을 보면, 우리는 그분의 선하심에 대하여 감사를 드려야 한다고 명하고 있다. 10절부터 시편 기자는 출애굽의 역사를 이야기하기 시작한다. "애굽의 장자를 치신 이에게 감사하라 그 인자하심이 영원함이로다 이스라엘을 그들 중에서 인도하여 내신 이에게 감사하라…강한 손과 펴신 팔로 인도하여 내신 이에게 감사하라…홍해를 가르신 이에게 감사하라…이스라엘을 그 가운데로 통과하게 하신 이에게 감사하라…바로와 그의 군대를 홍해에 엎드러뜨리신 이에게 감사하라 그 인자하심이 영원함이로다."(시 136:10-15)

구속은 예배 인도자에게 핵심 주제이다. 데이비드 피터슨은 이렇게 주장한다. "구약의 예배를 보는 시각을 이해하는 데 분명한 것은 천지 만물의 하나님께서 자발적으로 자신을 알리고자 하셨다는 사실이다. 그분은 우선 이스라엘 민족의 조상들에게, 그 다음으로는 출애굽이라는 일련의 사건들과 시내산에서의 만남을 통하여 그리고 전 이스라엘 민족 앞에서 자신을 드러내셨다."[2]

완전한 예배 인도자로 성장하기 위해서는 우리가 하나님의 구속적인 행사를 반드시 기억해야 한다. 신학자가 되려면 구속의 메시지를 전공해야 한다. 우리는 신약성경에서 강조하여 보여 주는 속죄와 화해 그리고 칭의(justification)라는 주제로 되돌아가야 한다.

■■ 성경과 그리스도 중심적 예배

하나님의 특별계시는 그리스도 사건으로 절정에 달했다. 출애굽이 유대교의 예배에 중요하듯이 그리스도 사건이 기독교 예배에 중요하다. "너는 그 이름을 예수라고 하여라. 그가 자기 백성을 그들의 죄에서 구원하실 것이다."(마 1:21, 새) 완전한 구속을 가져오고 싶어 하는 하나님의 바람은 구세주이신 예수 그리스도의 구속사역에서 찾아볼 수 있다. 로버트 웨버(Robert Webber)의 저서들은 예배의 이러한 측면을 강조했다.

나는 헨리 야히아이넨(Henry Jauhiainen) 목사님과 예배가 그리스도 사건을 기념한다는 사상을 논하고 있었다. 그는 이 논점을 아주 잘 요약하였다. "예배는 흔히 신자가 하나님께 헌신하는 것을 기념하는 수준으로 퇴보하였다. 얼마 후에 당신은 잠에서 깨어나서 '이보게, 우리가 도대체 무엇을 기념하는 건가? 나의 헌신이 아니라 그리스도의 업적을 기념해야 한다네!'라고 말할 것이다."

야히아이넨 목사님의 관점은 대단히 중요하다. 우리가 한 일을 기념하기 위하여 예배에 참석하는 것이 아니다. 우리는 이렇게 말하지 않는다. "이봐요, 주님. 내가 당신을 믿는다는 것이 놀랍지 않은가요!" 아니다! 우리는 하나님이 이루셨고, 현재 하고 계시며, 앞으로 하실 일을 찬양하고 감사하기 위하여 예배를 드리는 것이다.[3]

현대 복음주의적 교회가 인간 중심적인 예배를 만들어 내는 일은 흔하다. 우리는 우리가 이룬 일을 기념하고 감사하기 위해 종종 예배를 드린다. 그래서 교회력은 세속적인 달력으로 가려진다. 예수재림절(Advent)과 성탄절, 주현절, 사순절, 부활절, 승천절 그리고 성령강림절 대신에 어버이주일, 현충일 그리고 독립기념일 따위를 기념하게 된다. 우리는 하나님의 존재와 업적을 기념하는 대신에 우리의 존재와 업적을 기념한다. 교회에서 개혁이 일어나야 할 필요가 있다면 그것은 바로 우리 예배에서 일어나야 한다. 우리는 하나님께 마땅히 드려야 할 예배를 우리 자신에게 드리는 예배로 대체했다.

인류 역사를 통틀어서 이러한 것이 문제가 되어 왔다. 성경은 인류의 시초부터 인간이 타락했으며, 살아 계신 하나님을 섬기지 않았다는 것을 분명히 보여 준다(창 6:5; 왕상 8:46; 시 51:3-5; 53:3; 잠 20:9; 사 53:6; 64:6,7; 롬 1:18-32; 요일 1:8 참조). 앞에서 언급한 바와 같이, 인간은 누구나 무언가를 숭배하는 것이 사실이다. 그런데 모든 인간은 마땅히 경배받아야 할 대상을 다른 것으로 대체하기로 선택하였다. 그러한 예배는 유일하게 거룩하신 하나님을 향한 것이 아니기 때문에 용납될 수 없다. 그렇다면 우리가 어떻게 거룩한 하나님에게 다가갈 수 있을까? 하나님은 이 질문의 해답을 그분의 말씀에서 제시하셨다. 우리는 우리를 대신하여 예배를 드리는 대표자가 필요하다. 구약 시대에 이 대표자는 대제사장이었다. 그 사람만이 지성소에 출입할 수 있었다. 대제사장은 자신이 대표하는 사람들을 위하여 중보와 속죄기도를 드렸다. 이 직분을 얻기 위해서는 수많은 필요조건이 있었다. 그러나 이 제사장들은 우리를 위하여 영원히 중보기도를 하실 대제사장이신 예수 그리스도의 그림자에 불과했다. 이 점은 기독교 예배의 독특성을 거론하기에 가장 적합한 부분이다.

기독교 예배가 유대교 예배와 확실히 구별되는 것은 예수 그리스도가 맡은 대제사장 역할 때문이다. 제임스 B. 토렌스(James B. Torrance)는 《예배에서의 예수 그리스도의 자리》(*The Place of Jesus Christ in Worship*)라는 기고문에서 다음과 같이 진술했다.

> 복음의 기쁜 소식은 예수님께서 창조의 제사장이 되기 위하여 오셨다는 것이다. 그분은 인간이 실패한 일을 대신하고, 우리가 드리지 못했던 경배와 찬양을 하나님께 드리며, 온전히 순종하는 삶으로 하나님께 영광을 돌리고, 주님의 단 한 명의 진정한 종이 되기 위하여 오셨다. 우리는 예수 그리스도 안에서 그리고 이분을 통하여 하나님의 형상대로 거듭나며 하나님께 새로운 예배를 드리게 된다.[4]

예수님은 우리의 대제사장이시다. 그리고 이러한 까닭으로 하나님 아버지 앞에서 우리를 대표하신다. 예수 그리스도를 통하여 우리 예배는 하나님 아버지께 용납될 수 있는 것이다. 토렌스는 다음과 같은 진술로 이 진리의 베일을 벗긴다.

이러한 것이 하나님의 놀라운 사랑이다. 그분이 예수 그리스도로 우리에게 오셔서, 그분 안에서 우리 생명(전 인류의 생명)을 책임지시고, 우리의 무거운 짐을 갚아 주셨다. 예수님은 우리를 위하여 하나님 아버지께 경배와 순종 그리고 기도의 삶을 드리셨다. 그분은 죽을 수밖에 없는 우리의 육신을 입고 오셔서, 우리를 대신하여 '유죄'라는 판결을 받아들이셨다. 그리고 우리를 대신하여 돌아가시고 인간의 모습으로 다시 부활하셨다. 그러한 까닭에 하나님의 은혜로 그분의 생명은 우리 생명이고, 그분의 승리는 우리의 승리이며, 그분의 부활은 우리의 부활이고, 그분의 의로우심은 우리의 의로움이며, 그분의 하나님 아버지께 드리는 영원한 기도와 자기 헌신은 하나님 아버지 앞에 우리가 드리는 기도와 헌신이 되었다. 그래서 우리는 하나님의 귀한 자녀가 되었으며, 하나님 자녀로서의 신분을 깨닫게 되었다.[5]

우리에게 전가된 의(imputed righteousness)를 말할 때 그것은 하나님에 의하여 의롭다 함을 받는 칭의를 말하는 것이다. 즉 예수 그리스도를 믿음으로 말미암아 그분의 의로우심이 우리 것이 된다. 그런데 우리는 예배에 적용해서는 흔히 이 연관성을 찾지 못한다. 예수님을 믿음으로 우리의 예배는 하나님 아버지께 받아들여진다. 히브리서는 이 신학을 분명히 보여 준다. 히브리서 기자가 4장 14절의 도입부에서 말하는 것에 귀를 기울여 보라.

그러므로 우리에게 큰 대제사장이 계시니 승천하신 이 곧 하나님의
아들 예수시라 우리가 믿는 도리를 굳게 잡을지어다 우리에게 있는
대제사장은 우리의 연약함을 동정하지 못하실 이가 아니요 모든 일에
우리와 똑같이 시험을 받으신 이로되 죄는 없으시니라 그러므로 우리는
긍휼하심을 받고 때를 따라 돕는 은혜를 얻기 위하여 은혜의 보좌 앞에
담대히 나아갈 것이니라 대제사장마다 사람 가운데서 택한 자이므로
하나님께 속한 일에 사람을 위하여 예물과 속죄하는 제사를 드리게
하나니 그가 무식하고 미혹된 자를 능히 용납할 수 있는 것은 자기도
연약에 휩싸여 있음이라(히 4:14-5:2).

우리는 자신감을 가지고 은혜의 보좌 앞으로 다가서도록 격려 받는
다. 우리는 살아 계신 하나님을 경배할 수 있는 자유가 있다. 그리스도
인들에게 이것은 엄청난 진리이다. 예수 그리스도를 믿는 사람으로서
우리는 이 사실을 우리 마음속 깊이 새겨야 한다. 이 한 가지 사실에 근
거하여 나는 살아 계신 하나님께 예배를 드린다. 그리스도 밖에서 나는
아무것도 아니다. 내가 하나님께 드리는 예배는 거룩한 하나님에게는
턱없이 부족하고 불완전하며, 받아들여질 수 없는 것이다. 나를 위하여
영원히 중보기도를 하시는 대제사장이 있기에, 나는 하나님 앞에 나아
와서 '아바, 아버지'라고 부를 수 있다. 이 사실이야말로 기쁜 소식이며,
예배에 대한 열정의 불을 붙일 만하다. 히브리서 기자는 우리가 하나님
께 어떻게 반응해야 하는지를 권고함으로 이 놀라운 예배신학을 결론

짓는다. "그러므로 우리는 예수로 말미암아 항상 찬송의 제사를 하나님께 드리자 이는 그 이름을 증언하는 입술의 열매니라."(히 13:15) 나는 우리 음악가들에게 그들이 뜻하지 않게 실수를 하더라도 실망하지 않아도 된다고 말해 주곤 한다. 왜냐하면 우리를 대신하여 그리스도께서 드리는 예배는 완벽하기 때문이다.

그리스도 중심적인 예배를 생각하면서, "예수 귀하신 이름"(Jesus, Name Above All Names)이라는 찬양이 문득 떠오른다. "예수 귀하신 이름, 아름다운 영광의 주, 임마누엘, 함께하시는, 은혜의 구주, 말씀이라."(Jesus name above all names, beautiful Savior, glorious Lord. Emmanuel, God is with us. Blessed Redeemer, Living Word)[6] 예수님께서 이루신 일 때문에 우리가 그리스도인들로서 예배라는 화제를 논할 수 있는 것이다. 만일 예수님께서 승천하시지 않으셨더라면, 성령님의 강림도 일어나지 않았을 것이다. 이 성령님의 강림이 우리가 신자로서 함께 예배를 드릴 수 있도록 해 준다. 그러므로 성령님은 우리를 단결시켜 주신다.

우리가 신약에 나오는 찬송가의 내용을 살펴볼 때, 그리스도가 이 찬송가의 중심 인물이셨다는 것이 분명하다. 특히 사도 바울은 그리스도가 왜 이 세상에 오셨는지를 확실히 알고 있었다. 예수님은 그의 백성들을 그들의 죄로부터 구원하시러 오셨다. 랄프 마틴(Ralph Martin)은 이렇게 주장한다.

바울 사도가 세운 교회들에 보존되어 있던 '찬송가'들은 기독론적인 쪽으로 방향을 바꾸어 오로지 예수님의 선교와 업적으로 꾸며진 '구원 사건'에 대한 이야기만 다루었다. 신약성경의 그리스도라는 인물에 대한 가르침은 교회의 초기 찬송가로 분류될 가능성이 가장 높은 다음 성경구절들에 실제로 포함되어 있다. 그 구절들은 요한복음 1:1-18, 빌립보서 2:6-11, 골로새서 1:15-20 그리고 디모데전서 3:16이다. 이 장엄한 구절들을 통합시키는 공통적인 특성은, 비록 그 구절들이 여러 상황에 처해 있던 교회들에게 주신 말씀이긴 하지만, 하나님 아버지를 드러내시고 잃어버린 창조세계를 회복시키기 위해 성육신하시기 이전의 주님에 대한 관심을 매한가지로 나타내고 있다는 점이다. 계시와 대규모 회복을 연관 짓는 용어는 구속이다. 예수님은 희생과 자기 헌신의 마음으로 자신의 생명을 하나님의 뜻에 맡기는 대가를 지불함으로 죄인의 죽음을 죽으시고, 참된 죄사함과 새 생명을 가능케 하는 힘을 인간 경험 속에 풀어놓으셨다. 하지만 하나님과의 관계 회복으로 인간 경험이 확증되었더라도, 이 메시지는 더 큰 파장 효과가 있다. 이 메시지는 창조주와 관계가 회복된 새로운 세상과 악한 세력의 멸망 그리고 인류 역사의 새로운 시작이 결국 우주 만물을 태초의 영광과 조화로움으로 회복시킬 것임을 선포한다. 이러한 찬송가들의 다루는 영역은 궁극적인 운명에 더 이상의 완고함이나 외부 요소가 지속되는 것을 허용하지 않는 세상만큼 방대하다. 머리 되신 그리스도의 다스리심 아래 만물이 굴복하고(엡 1:10), 하나님께서 "만유의 주로서 만유 안에 계실 때"(고전 15:28), 신약의 찬송들은 만물의 희년을 맞아 전율한다.[7]

만일 신약 찬송가들이 그리스도 사건을 기렸다면 우리의 찬송과 찬양은 얼마나 더 그리스도를 찬양해야 하겠는가? 완전한 예배 인도자가 되는 과정의 일부는 우리 찬양의 중심에 구속이 있다는 것을 기억하는 것이다. 사람들을 십자가 앞으로 데려올 수 있는 자료를 찾아보자. 찬양받아야 하는 분은 곧 그리스도이시다. 그러므로 그분 앞에 우리의 선물을 바쳐야 하는 것이다.[8]

■■ 성경의 하나님이 예배를 시작하신다

복음주의 예배의 독특한 점 중 하나는 말씀이 우리 예배에서 맡는 역할이다. 예배는 하나님이 자신을 드러내신 것에 대한 우리의 반응이다. 성경말씀은 우리가 하나님의 특별계시를 받아들이는 문자로 된 기록이다. 말씀을 통하여 우리는 하나님에 대하여 배우고, 그분의 자기 백성을 향한 사랑을 알게 되며, 그분의 구속 계획을 깨닫게 된다. 예배는 이 근본적인 진리에 대하여 우리가 반응하는 것이다. 따라서 예배시간에 말씀이 가장 우선시되는 것은 매우 중요하다. 성경말씀을 읽고 설교하는 것이 강조되어야 한다. 그리고 우리가 기도를 드릴 때도 말씀이 간구의 내용을 형성해야 한다.

또한 말씀이 들어 있는 찬양을 예배에 넣어야 한다. 우리는 단순히 영감을 주는 노래인지, 경쾌한 박자가 있는지, 편곡이 효과가 있을지를 묻는 범주를 뛰어넘어야 한다. 그렇다고 내가 음악적 완성도의 중요성을 과소평가하는 것은 아니다. 우리는 이 주제에 대하여 3부에서 논의할 것이다. 하지만 우리가 예배를 음악적으로 평가하면서, 우리는 그것이 성경적인지를 물어야 할 필요가 있다.[9] 나는 최근에 마라나타 음악의 버디 오웬스(Buddy Owens)에게 프라미스 키퍼스(Promise Keepers) 운동을 위하여 찬양곡을 선정할 때 어떠한 기준을 적용하는지 물어보았다. 그의 기준은 세 가지였다. 그 찬양이 성경적인가? 배우기 쉬운가? 그리고 잘 잊혀지지 않는가? 첫 번째 기준으로 그 찬양이 성경적인지를 꼽는 것에 주목하자.

성경적인 영향이 결여된 예배는 우상 숭배로 변질될 것이다. 우리의 예배가 개혁되려면 말씀으로 돌아가야 한다. 우리는 '오직 말씀으로'(Sola Scriptura)라고 외칠 개혁이 필요하다. J. I. 패커는 이것에 관하여 다음과 같이 진술한다.

> 기독교는 인류의 창조주이며 구원자이신 참 하나님에 대한 진정한 예배 의식이다. 이것은 계시에 의존하는 종교이다. 하나님께서 먼저 행동하셔서 자신을 알리지 않았더라면, 아무도 하나님에 관한 진리를 알거나 그분과 개인적으로 관계를 맺을 수도 없었을 것이다. 그렇지만 하나님은 그렇게 역사하셨으며, 성경 66권의 책 중 39권은 그리스도가 오시기 전에 그리고 27권은 오신 후에 기록되었다. 모든 말씀은

하나님의 자기 계시에 관한 기록이며, 해석이고, 표현이다. 하나님과 경건은 성경을 결속시키는 주제이다.

하나님께서 손수 기록하셔서 명령한 거룩한 삶의 기초에 관한 사상은 하나님께서 석판에 십계명을 새기셔서 모세가 그의 계명과 그의 백성을 어떻게 통치하셨는지를 기록하라고 촉구한 시대로 거슬러 올라간다(출 32:15,16; 34:1,27,28; 민 33:2; 신 31:9).

이 계명을 소화하고 실천하는 것은 이스라엘의 지도자와 백성들에게 항상 진정한 헌신의 핵심이었다(수 1:7,8; 왕하 17:13; 22:8-13; 대상 22:12,13; 느 8장; 시 119편). 그리고 만물이 말씀으로 통치되어야 한다는 이 교리는 기독교에 전수되었다.

성경이 말하는 것은 하나님께서 말씀하시는 것이다. 그것은 어떤 의미로는 성육신의 깊은 신비에 비견될 만한데, 성경은 완전히 인간적이면서도 온전히 거룩하기 때문이다. 그래서 성경의 여러 내용들—역사, 예언, 시, 노래, 지혜의 말씀, 설교, 통계, 서신 등—은 모두 하나님으로부터 온 것으로 받아들여져야 하며, 성경 기자들이 가르치는 것은 모두 하나님의 권위적인 명령으로 섬겨야 한다. 그리스도인들은 하나님께서 기록한 말씀의 선물에 대하여 감사드려야 하며, 그들의 신앙과 삶을 오로지 그 말씀에만 근거를 두는 데 성실해야 한다.[10]

완전한 예배 인도자는 하나님께서 기록한 성경말씀을 따라야 한다. 다른 사람들을 예배로 인도할 때 성경은 우리의 나침반이어야 한다. 말씀을 우리의 선언에서 근절시킬 수 없다. 그뿐만 아니라 그 말씀들은 예배의 매 순간, 서곡(prelude)부터 예배 마지막 오르간 독주(postlude)까지 주관해야 한다. 사람들은 우리 교회당에 들어서서 하나님의 백성과 하나님의 계시를 접해야 한다. 말씀의 선포를 통하여 믿지 않는 사람들이 살아 계신 하나님을 만나게 될 것이다. "기쁜 소식을 전하는 이들의 발걸음이 얼마나 아름다우냐!…그러므로 믿음은 들음에서 생기고, 들음은 그리스도를 전하는 말씀에서 비롯됩니다."(롬 10:15하, 17, 새)

만약 우리 교회에 믿음이 없다면, 그 이유는 말씀에 대한 무지가 만연하기 때문이다. 선교사들은 하나님의 말씀을 새로운 언어로 번역하느라 고생하는데, 번역본들이 넘쳐나는 우리나라에서는 말씀이 끊임없이 외면당한다. 이것은 현대 교회에 크나큰 비극이다. 그 결과로 우리는 하나님의 말씀을 모르기 때문에 믿음이 부족한 사람들을 길러내고 있다.

당신이 완전한 예배 인도자가 되고 싶다면, 말씀과 그 말씀의 저자와 사랑에 빠져라. 말씀에 대하여 기도하고 찬양하라. 그리고 하나님의 말씀을 당신의 마음속 깊이 새겨라. 그런 다음에 당신 안에 있는 소망을 분명히 표현하라. 이것이 바로 주님을 바로 섬기는 것이다.

교회에서 말씀을 전할 수 있는 또 다른 장소들도 있다. 소그룹과 주일학교 그리고 일대일 제자훈련 시간 등은 성경을 가르치기에 효과적인 장소가 될 수 있다. 우리가 주위의 교인들에게 일주일 동안 말씀 안에서 거하도록 격려할수록, 말씀이 더 많은 신자들을 만들어 내는 모습을 볼 것이다. 교회가 말씀을 더 공부하라고 격려할수록, 교인들이 찬양과 감사로 화답할 것이다.

특히 소그룹들은 말씀을 공부해야만 한다. 오늘날 소그룹에서 유행하는 것은 심리치료법이다. 하지만 이것이 우리 교회 그룹들의 마음을 빼앗는다면 우리는 말씀에 반응하는 사람들을 길러내지 못할 것이다. 어떻게 말씀을 공부하지 않고 말씀(예배)에 반응할 수 있겠는가? 소그룹은 살아 계신 하나님을 섬기는 사람들을 성장시키기 위하여 전략적으로 쓰여야 한다.

성경공부와 응답(response)은 주일학교와 일대일 제자훈련 시간에도 적용되어야 한다. 예배는 아침 9시 또는 11시에만 국한될 필요가 없다. 말씀과 예배는 우리의 모든 사역에 완벽한 한 쌍을 이룬다.

■■ 주의 만찬과 세례식을 통하여 기념되는 구속

우리는 또한 주의 만찬과 세례식에 참여함으로 하나님께서 보여 주신 특별계시를 기념한다. 주의 만찬에 나아올 때 우리는 그리스도가 우리를 위하여 십자가에서 하신 일을 기념한다. 성찬식의 빵과 포도주를 마심으로 그리스도가 우리를 위하여 하신 업적을 기억하고 화답한다. 이렇게 우리는 그리스도 사건을 찬양한다.[11]

세례식을 통하여 우리는 그리스도 예수 안에서의 새로운 삶을 기념한다. 우리는 이 의식을 통하여 그의 죽음으로 우리 또한 죽었다는 것을 선언하는 것이다. 그리고 그의 부활을 통하여 우리도 새 생명을 얻은 것이다. 우리는 새로운 피조물로서 부활 승천하신 주님을 섬긴다. 예수 안에서의 새로운 삶에 대한 얼마나 아름다운 표현인가!

📍 단원 요약

하나님께서는 자신이 창조하신 것과 그분의 구속적인 행사를 통하여 자신을 드러내셨다. 전 역사를 통틀어, 하나님은 그의 백성을 찾으셨다. 그분은 인내심을 가지고 인류에게 손을 뻗치고 계시다. 역사적으로 볼 때, 구속은 예배를 위한 첫 걸음이었다. 우리가 완전한 예배 인도자가 되고자 한다면 하나님의 구속적인 행사를 반드시 이해해야 한다.

이스라엘 민족은 하나님께서 그분의 백성을 애굽으로부터 구원해 주셨다는 사실을 기념했다. 출애굽은 유대인 예배의 절정이었다. 시편을 암송하는 것은 기도와 예배에 대한 기초 훈련 과정에 불과하다. 왜냐하면 이 시집에서 우리는 출애굽 사건이 반복적으로 이야기되는 것을 보기 때문이다. 그들이 하나님께 감사와 찬양을 드리는 가장 큰 이유는 애굽의 속박으로부터 해방된 사실 때문이었다.

그리스도인에게 있어서, 그리스도 십자가 사건은 예배의 절정이 되었으며, 우리 예배의 핵심적인 부분을 차지해야 한다. 예수 그리스도를 통하여 구속이 오며, 하나님의 노하심으로부터의 구원은 그리스도인의 찬양 주제이다. 우리는 그리스도의 부활을 기념한다. 그분의 부활이 우리의 부활이기 때문이다.

더 나아가, 우리는 하나님께서 오늘날 하시는 일과 그분이 장래에 하실 일을 기념한다. 이것은 우리가 소원하며 필요로 하는 부흥의 노래이다. 이것은 또한 우리의 설교 주제이기도 하다. 우리는 구속이 아직 끝나지 않았다는 것을 인정하며, 하나님이 세상 속에서 움직이고 계시다는 것을 믿음으로 볼 수 있다. 만일 하나님께서 모든 종족과 국가들로부터 사람을 부르시는 일을 멈추셨다고 상상해 보라. 그러면 수십억 명의 사람들이 지옥의 불구덩이에서 영원히 살게 될 것이다. 그런데도 우리 하나님은 자비로우셔서 이방인들 사이에 지금도 움직이고 계시며, 예수 그리스도와 관계를 맺도록 여러 남녀들의 마음속에 역사하고 계신다. 우리는 하나님이 아직 일을 마치시지 않았다는 것을 기억할 필요가 있다. 그러므로 우리는 예배 인도자로서 부흥을 위한 기도를 예배에 포함시켜야 한다.

하나님께서 이루신 일과 현재 하시는 일 그리고 그분의 구속적인 계획을 완성하시면서 앞으로 행하실 일을 기념하는 법을 배우기 바란다. 예배는 우리에 관한 것이 아니라 하나님에 관한 것이다. 그것은 하나님께서 이루셨고, 현재 행하시며, 앞으로도 행하실 모든 일에 관한 것이다. "우리는 우리를 전파하는 것이 아니라 오직 그리스도 예수의 주 되신 것과 또 예수를 위하여 우리가 너희의 종 된 것을 전파함이라." (고후 4:5)

만일 우리가 효과적인 예배 인도자가 되려면, 제일 먼저 신학에 대한 사랑을 회복해야 한다. 신학은 살아 계신 하나님께 예배를 드리는 동기와 언어 그리고 이유를 준다. 우리가 예배를 시작하는 것이 아니라, 하나님께서 하시는 것이다. 그분은 천지창조와 구속을 통하여 자신을 드러내셨다. 따라서 이 두 가지 주제는 우리 예배 의식에 반드시 베어 나와야 한다.

2부에서 우리는 제자가 되는 것이 무엇을 의미하는지 살펴볼 것이다. 하나님께서 자신을 드러내신 사실과 우리를 구원하신 사실을 아는 것도 중요하다. 하지만 우리는 이것을 직접 체험해 보아야 한다. 예배 인도자가 완전해지기 위해서는 반드시 복음을 이해하고 체험해야 한다. 그렇게 한 다음에야 비로소 예배 인도자는 영과 진리 안에서 예배를 드릴 수 있기 때문이다.

part 02
제자 되기

서론

　나는 1부에서 완전한 예배 인도자가 되기 위해서는 먼저 신학자가 되는 것이 대단히 중요하다고 말했다. 예배 인도자는 그들이 하는 일에 관하여 신학적으로 사고해야 하며, 하나님을 올바르게 섬겨야 한다. 예배는 자신을 드러내신 하나님에 의하여 시작된다. 신학은 하나님을 발견하는 것이지, 종교를 발명하는 것이 아니다. 계시는 우리에게 세 가지 정보를 알려 준다. 즉 하나님이 존재하며, 우리가 하나님에게 반항했고, 그래서 우리가 구원을 받아야 한다는 사실이다.

　나는 2부에서 예배 리더십에 관련된 이 이야기를 계속해 나가려 한다. 우리가 성령에 의한 예배를 드리고 싶다면, 우리는 다시 태어남으로 예수 그리스도의 제자가 되어야 한다. 진정한 예배는 그리스도의 영에 의하여 새롭게 된 마음속에서 궁극적으로 우러나온다. 그래서 완전한 예배 인도자는 신학자가 되어야 할 뿐만 아니라 제자가 되어야 한다. 우리는 하나님께 정확하고 성실하게 예배를 드려야 한다. 우리는 구속사를 이해하고, 복음 이야기의 '참여자'가 되어야 한다.

3장에서는 '진정한' 예배의 근본적인 필수조건인 구원의 주제(전반적인 과정)를 살펴볼 것이다. 예배는 단지 우리가 부르는 노래일 뿐만 아니라 그리스도 안에서 우리의 위치이며, 그리스도인의 삶에 관한 이야기이다. 4장에서는 선포의 주제를 논의해 볼 것이다. 행위든, 말이든 또는 예술을 통하여서든 선포는 우리 삶에 그리스도가 역사하실 때 우리가 하는 일이다. 예배 인도자로서 우리에게 너무나 중요한 지식을 넘어서서, 이 단원들에서는 체험과 행위 그리고 복종의 문제를 다룰 것이다. 궁극적으로 예배는 예배를 드리는 사람들로부터 나온다. 기독교 예배는 그리스도를 알고 사랑하며, 따르는 사람들로부터 나온다.

2장에서 본 바와 같이, 불신자들은 살아 계신 하나님께 예배를 드릴수 없다. 그들은 자신이나 다른 것들을 숭배하느라 바쁘기 때문이다. 만일 방황하는 이들이 하나님을 갈망하지 않으면, 그분을 섬기지 않을 것이다.[1]

> 어리석은 사람은 마음속으로
> "하나님이 없다" 하는구나.
> 그들은 한결같이 썩어서 더러우니,
> 바른 일을 하는 사람이 아무도 없구나.
>
> 주님께서는 하늘에서 사람을 굽어보시면서,
> 지혜로운 사람이 있는지,
> 하나님을 찾는 사람이 있는지를 살펴보신다.

너희 모두는 다른 길로 빗나가서

하나같이 썩었으니,

착한 일을 하는 사람이

하나도 없구나(시 14:1-3, 새).

우리가 살아 계신 하나님을 섬기는 사람들이 되려면 우리는 이러한 어리석고 부패한 행위를 중지해야 한다. 예수님께서는 "내가 진정으로 진정으로 너에게 말한다. 누구든지 다시 나지 않으면, 하나님 나라를 볼 수 없다."(요 3:3, 새)고 말씀하셨다. 새 생명을 주시는 분은 성령님이시다. 우리의 프로그램, 기술, 건물, 성품 또는 우리의 예배 스타일도 아니다. 하나님의 영이 사람들을 거듭나게 한다.

예수님께서 이렇게 말씀하셨다. "바람은 불고 싶은 대로 분다. 너는 그 소리는 듣지만, 어디에서 와서 어디로 가는지는 모른다. 성령으로 태어난 사람은 다 이와 같다."(요 3:8, 새) 이와 같이 다시 태어나는 과정은 성령님이 시작하시고 완성하시는 것이다. 디도서 3장 5절은 "우리를 구원하셨습니다. 그분이 그렇게 하신 것은, 우리가 행한 의로운 일 때문이 아니라, 그분의 자비하심을 따라 거듭나게 씻어 주심과 성령으로 새롭게 해 주심으로 말미암은 것입니다."(새)라고 말하고 있다. 살아 계신 하나님께 예배드리는 사람들을 만드시는 분은 성령님이시다.

예배 인도자로서 우리는 두 가지 사실을 똑바로 알아야 한다. 그것은 바로 우리가 예배를 인도할 자라면 우리 자신이 거듭나야 한다는 것이다. 또한 우리 교인들이 예배를 드리려 한다면 그들도 거듭나야만 한다는 사실이다. 이것은 너무나 기초적인 것이다. 그런데도 이 사실은 대부분의 교회에서 많이 외면당하고 있다. 우리 몇몇 교회에서 예배가 왜 그렇게 냉랭한지 의아해 한다면, 우리 교인들이 거듭나지 않았을 가능성이 있다.

그렇다면 거듭남을 나타내는 척도는 무엇인가? 첫째로, 당신의 입으로 예수님을 주님이라고 시인하였는가? 당신은 진심으로 하나님께서 예수님을 죽은 자들 가운데서 살리셨다고 믿는가? "사람은 마음으로 믿어서 의에 이르고, 입으로 고백해서 구원에 이르게 됩니다."(롬 10:10, 새)

둘째로, 당신 안에 성령이 거하신다는 증거를 보는가? 성령의 열매가 있는가? "성령의 열매는 사랑과 기쁨과 화평과 인내와 친절과 선함과 신실과 온유와 절제입니다."(갈 5:22-23상, 새) 당신은 삶에서 하나님의 영을 '체험'하였는가? 고든 피(Gordon Fee)는 그의 저서 『바울, 성령 그리고 하나님의 백성』(Paul, the Spirit, and the People of God)에서 "그리스도 안에서 구원은 단순한 신학적 진리가 아니다. 그것은 하나님께서 이전에 행하신 것과 그리스도의 역사적인 업적으로 예언되었다. 구원은 우리 삶에 성령님이 들어오심으로 체험하는 현실이다. 사람은 삼위일체 하나님의 효과적인 역사 없이 사도 바울과 같은 그리스도인이 될 수 없다."고 말한다.[2]

우리는 예배를 받는 분과 관계를 맺고 있지 않은 상태에서 회중 예배를 인도할 수 없다. 그러면 우리는 위선을 행하는 것이다. 하나님은 성령과 진리 안에서 그분에게 예배드리는 사람을 원하신다. 우리가 거듭나지 않으면 이 두 가지를 모두 행할 수 없다. 우리는 이 문제를 즉시 해결해야만 한다.

우리는 불신자가 하나님께 예배드리기를 기대해서는 안 된다. 만약 우리 회중의 교인들이 거듭나지 않았다면 우리가 어떻게 그들이 예배드리기를 바랄 수 있겠는가? 나는 그들이 예배시간에 참석하지 않을 것이라고 말하는 것이 아니다. 그들은 진정한 예배를 드릴 수 있는 능력을 본래 갖추고 있지 않다고 말하는 것이다.

당신의 예배시간에 불을 붙일 수 있는 한 가지 방법은 정기적으로 사람들이 구원받는 모습을 보여 주는 것이다. 하나님께서 역사하실 때 열의가 대단하다. 우리는 사람들이 그리스도 앞으로 나오는 것을 보아야만 한다. 사람들이 복음을 이해할 뿐만 아니라 '체험'하는 것도 보아야 한다. 우리가 활력 넘치는 예배를 드리기 원한다면 영적 부흥이 일어나야 한다. 죽은 마음은 에너지가 넘치는 예배를 일으킬 수 없다. 하지만 예수님에 대하여 열정적인 마음은 어떤 예배시간도 활기차게 만들 수 있다. 그러므로 우리의 생명력 없는 예배 의식에는 새 생명을 불어넣을 성령의 역사가 절실하게 필요하다.

■■ '소테리오스'(Soterios)와 예배 인도자

신약은 구원(salvation, soterios)이라는 용어를 다양한 시제로 사용한다. 우리는 (창세로부터) 구원을 받았었고, 우리는 (역사 속에 하나님의 역사하심으로 인해) 구원을 받고 있었으며, 우리는 (의로운 상태에 들어감으로) 구원을 받았고, 우리는 (성화되고 거룩해짐으로 말미암아) 구원을 받고 있으며, 우리는 (천국에서 우리 구원이 완성되는 것을 체험함으로) 구원받을 것이라는 뜻이 그 용어 안에 내포되어 있다. 이 '구원'(salvation)이라는 용어가 어떻게 사용되었는지를 이해하는 것은 예배 인도자에게 필수적이다.

복음주의 교회의 예배에서 유행하고 있는 것은 칭의(justification)와 영화(glorification)를 강조하는 것이다. 복음 찬송가집을 살펴보면 그 찬송가들에 이 두 가지 주제가 우위를 점하고 있다는 것을 알 수 있다. 반면에, 순복음·은사주의 교회의 예배는 성화(sanctification)를 강조하는 경향이 있다. 이 찬양 후렴구들의 대부분은 영적 재생과 부흥에 관한 주제로 움직이며, 오늘날 성령님이 역사하시는 것에 초점을 둔다. 이 찬양이 강조하는 것은 훌륭하다. 하지만 그리스도가 이미 하신 일에 대하여 전혀 노래하지 않거나 말하지 않는 수준까지 성화가 강조되면 이것은 좋지 않다. 이것과 동일한 불균형은 성화를 충분히 강조하지 않는 복음주의 교회의 예배에서도 찾아볼 수 있다.

구속의 실마리가 시작되었으며, 현재도 진행 중이고, 그리스도가 재림하실 때 완성될 것이라는 것을 예배 인도자가 상기시키면 균형이 잡힐 것이다. 우리는 기도와 찬양으로 성령님께 간구하고, 그분께서 오늘날 우리 가운데 움직이시기를 간구해야 한다. 우리는 이 세상에 잠시 머무는 나그네라는 사실을 상기하기 위하여 그리스도께서 이루신 업적에 대하여 찬양해야 한다. 이것이 우리 예배시간에 균형 잡힌 시각을 줄 것이다.

■■ 칭의(Justification)

나는 예배 인도자들이 거듭나야 하며, 우리가 예배에서 인도하려는 사람들도 거듭나야 한다는 것을 언급한 바 있다. 우리가 '칭의'라는 용어를 사용할 때, 그리스도 안에서의 법률상의 위치를 말하는 것이다. 우리는 유죄인가 아니면 무죄인가? 로마서 5장 1-2상반절, 9-11절 이하에 이렇게 기록되어 있다.

> 그러므로 우리가 믿음으로 의롭다 하심을 받았으니 우리 주 예수 그리스도로 말미암아 하나님과 화평을 누리자 또한 그로 말미암아 우리가 믿음으로 서 있는 이 은혜에 들어감을 얻었으며…그러면 이제 우리가 그의 피로 말미암아 의롭다 하심을 받았으니 더욱 그로 말미암아 진노하심에서 구원을 받을 것이니 곧 우리가 원수 되었을

때에 그의 아들의 죽으심으로 말미암아 하나님과 화목하게 되었은즉 화목하게 된 자로서는 더욱 그의 살아나심으로 말미암아 구원을 받을 것이니라 그뿐 아니라 이제 우리로 화목하게 하신 우리 주 예수 그리스도로 말미암아 하나님 안에서 또한 즐거워하느니라.

우리가 죄 없다고 용서함을 받은 지위에 있기 전에, 우리는 하나님을 섬기는 사람들이 아니라 그분의 적이었다. 하나님의 관점에서 볼 때, 우리는 반항심이 가득했다. 그분은 거듭나지 않은 사람들을 적으로 간주하셨다. 반역자에게 기다리고 있는 것은 하나님의 진노하심뿐이었다(9절).

불행하게도 이 메시지는 어떤 대가를 치러서라도 관용해야 한다고 부르짖는 포스트모던 문화에 의하여 가려졌다. 문화와 정부는 우리에게 신학적으로 오류를 범할 수 있는 권리를 주더라도, 하나님은 그러한 권리를 결코 주시지 않는다. 오직 거듭나고, 새로워진 성도들만이 하나님이 용납하시는 진정한 예배의 대상이다.

하나님과 화해하는 것은 "하나님과 화평을 누리는 것"(롬 5:1)이다. 이 구절을 제대로 이해하기 위한 핵심은 여기에 사용되는 전치사에 있다. 바울은 우리가 하나님의 화평이 있다고 말하지 않았다. 그렇다. 그는 우리가 하나님과 더불어 화평을 누린다고 말했다. 다시 말하지만, 우리가 의롭다고 인정을 받을 때, 우리는 하나님의 적에서 그분과 더불어 화평을 누릴 수 있는 존재로 바뀐다. 이것은 예배의 주제에 대하여 가장 중대한 사실이다.

의롭다 인정을 받는 직위는 믿음으로 말미암아, 그리스도 안에서만 유효하다. "이 예수밖에는, 다른 아무에게도 구원은 없습니다. 사람들에게 주신 이름 가운데 우리가 의지하여 구원을 얻어야 할 이름은, 하늘 아래에 이 이름밖에 다른 이름이 없습니다."(행 4:12, 새) 예수님의 완전하고, 순종적인 삶과 죽음, 부활 그리고 승천을 통해서만 구원이 가능하다.

거듭나지 않고서 예배를 드리는 삶의 방식을 영위하는 것은 불가능하다. 거듭남이 없다면, 살아 계신 하나님에 대한 예배도 없을 것이다. 물론 예배는 있을지도 모르지만, 이 예배는 성경의 하나님을 향한 것이 아닐 것이다. 우리가 의롭다 인정받음을 이해하는 것은 기독교 예배의 근본이며 기초이다.

■■ 하나님의 자비와 거듭남 그리고 새롭게 하심

앞의 단락에서 나는 의롭다 인정받은 상태와 이 직위를 얻는 것이 왜 예배를 드리는 데 중요한지를 논의했다. 이 단락에서는 '무슨' 일이 일어나야만 하는지보다, 오히려 그것이 '어떻게' 일어나는지를 좀 더 설명하고자 한다. 달리 말해서, 디도서 3장 5절은 이렇게 말하고 있다. "우리를 구원하셨습니다. 그분이 그렇게 하신 것은, 우리가 행한 의로운 일 때문이 아니라, 그분의 자비하심을 따라 거듭나게 씻어 주심과 성령으로 새롭게 해 주심으로 말미암은 것입니다."(새)

이 구절에서 구원은 하나님의 자비로 이루어진다는 것을 알 수 있다. 그분은 누구에게도 자비를 베풀 의무가 없다. 그분은 어떤 사람들에게는 자신의 자비로운 모습을 보여 주시고, 또 다른 사람들에게는 의로우신 모습을 보여 주신다. 그분은 결코 불공평하지 않다. 사도 바울은 로마서 9장에서 하나님이 우리 구원의 주역인 이유를 상세하게 기술한다. 하나님께서 모든 사람들에게 자비를 베풀어야 할 의무가 있었더라면, 그것이 진정한 자비이겠는가?

오늘날 우리 기독교 사상에 만인구원설(Universalism, 인류는 결국 모두 구원받는다는 설−역주)이 만연하고 있다. 그렇지만 예수님 자신도 성경의 그 어떤 주제보다도 지옥이라는 주제를 많이 언급하셨다. 우리가 하나님의 은총을 받는 사람이 아니라면, 하나님의 진노하심을 받는 사람이 될 것이다! 따라서 우리 중에 거듭난 사람들은 하나님께 감사드리고, 찬양하며, 예배를 드릴 만한 충분한 이유가 있다. 우리의 의로운 행위 때문이 아니라 단지 하나님의 은혜로 우리는 은총을 입었다.[3]

이 구절의 다음 문제는 성령의 거듭나게 씻어 주심과 성령으로 새롭게 해 주심에 관한 것이다. 다시 말하자면, 거듭나게 씻어 주심은 우리가 성령으로 새로워졌을 때에만 가능하다. 우리는 죄로부터 깨끗해지고 새 생명을 얻었다. 그리고 죄로부터 씻김을 받고 하나님의 나라를 유산으로 물려받았다.

이것이 예배에 관하여 이야기할 때 전부라 해도 과언이 아니다. 하나님의 영에 의하여 주어진 새 생명이 살아 계신 하나님께 예배드릴 수 있는 능력을 주기 때문이다. 우리가 이 경이로운 삶에 의하여 생기를 띠게 될 때 우리는 진정으로 경배와 찬양이 무엇인지 알 수 있을 것이다.

■■ 성화로서의 구원

일단 우리가 다시 태어나면, 새 생명의 열매를 보이기 시작해야 한다. 그리스도를 닮아 가는 이 과정을 성화(sanctification)라고 한다. 우리가 하나님의 진정한 백성이라면 우리는 그리스도를 점점 닮아 갈 것이다. 우리가 거듭났는데도 열매가 없다면 염려해야 한다.

예수님께서는 누구든지 자신의 뒤를 따라오려거든 자기를 부인하고 날마다 자기 십자가를 지고 따라오라고 말씀하셨다(눅 9:23). 거듭나지 않은 사람처럼 계속 살아가면서 당신은 살아 계신 하나님을 섬길 수 없다. 하나님께서는 그것과 아무런 상관이 없어 하실 것이다(롬 6:1-14).

다음 질문에 '네'라고 대답할 수 있다면, 당신이 진정으로 하나님을 섬기는 신자일 가능성이 높다. 이 질문들에 자신을 비추어 보고 솔직하게 평가해 보라.

가장 먼저, 당신은 주님을 열정적으로 사랑하는가? 예수님은 마태복음 22장 37-40절에 나온 계명이 온 율법과 선지자의 강령이라고 말씀하시면서 신명기 6장에 나오는 명령을 재차 확인하셨다. 당신이 이 질문에 긍정적으로 답변할 수 있다면, 주님께 찬양을 드려라. 만일 그렇게 할 수 없다면 당신의 보물이 어디에 있는지를 살펴볼 필요가 있다. 왜냐하면 "네 보물 있는 그곳에는 네 마음도" 있기 때문이다(마 6:21). 예배 인도자여, 당신은 하나님보다 음악을 더 사랑할 수도 있다. 다른 예술 형태와 마찬가지로 음악은 하나님을 사랑하는 데 사용되어야 한다. 음악을 즐기기 위하여 하나님을 이용하면 안 된다. 그것은 우상 숭배다. 당신의 마음속에서 바로잡아야 할 것은 당신이 무엇과, 혹은 누구를 사랑하느냐 하는 문제이다.

두 번째로, 당신은 하나님의 말씀을 사랑하는가? 하나님의 언약 백성들은 모두 하나님뿐만 아니라 그분이 성경말씀에서 진리라고 가르친 것에도 충성해야 한다. 예수님께서는 요한복음 14장 21절에서 말씀하셨다. "내 계명을 받아서 지키는 사람은 나를 사랑하는 사람이요, 나를 사랑하는 사람은 내 아버지의 사랑을 받을 것이다. 그리고 나도 그 사람을 사랑하여, 그에게 나를 드러낼 것이다."(새) 말씀에 순종하기 위해서는 먼저 말씀의 내용을 알아야 한다. 우리는 성경에 대하여 무지할 수 없다.

세 번째로, 당신의 삶에서 성령의 열매를 보여 주는가? 성령의 열매는 당신이 단지 공부하고 암기하는 도덕적인 특성의 목록이 아니다. 오히려 그것은 당신 안에서 거하시는 하나님의 영의 결과로 실제적으로 드러나는 것이어야 한다. 당신 안에 하나님의 영이 거하신다면, 당신은 어느 정도 이러한 특성들을 나타낼 것이다. 그러나 만약 당신에게 하나님의 영이 없다면, "육체의 일은 분명하니 곧 음행과 더러운 것과 호색과 우상 숭배와 주술과 원수 맺는 것과 분쟁과 시기와 분냄과 당 짓는 것과 분열함과 이단과 투기와 술 취함과 방탕함과 또 그와 같은 것들이라 전에 너희에게 경계한 것같이 경계하노니 이런 일을 하는 자들은 하나님의 나라를 유업으로 받지 못할 것이요."(갈 5:19-21) 바울은 우리가 음행을 나타내던지 성령의 열매를 보여 줄 것이라고 말하고 있다.

당신이 하나님을 사랑하고, 말씀을 사랑하며, 당신의 삶에서 성령의 열매를 나타내고 있다면 아마 기도와 교제 같은 다른 훈련도 하고 있을 것이다. 반면에, 당신이 예수님을 닮아 가고 있지 않다면, 당신은 하나님을 섬기는 것이 아니다. 내가 제시한 간단한 체크리스트에 나오는 질문들은 하나님의 영이 당신 안에 거하는 여부를 나타내는 지표로 생각해도 될 것이다.[4]

■■ 구원과 예배의 생활 방식

나는 살아 계신 하나님을 섬기는 사람이 되기 위해서는 거듭나야 하며, 하나님의 영에 지배를 받아야 한다고 주장해 왔다. 하나님의 백성들은 궁극적으로 그분을 섬기는 사람들이 된다. 살아 계신 하나님으로부터 구원을 체험한 사람들만이 그분에게 예배를 드리는 것이 무엇을 의미하는지 알게 된다.

나는 경건 생활 중에 하나님께서 나를 위하여 해 주셨던 일을 묵상한다. 이것은 내 속에 있는 모든 것으로 하나님을 찬양하도록 나에게 동기를 부여한다. 단지 구속의 이야기만 나를 흥분시키는 것이 아니라, 구속의 이야기가 나의 개인적인 삶에 개입했다는 사실이 나를 흥분시킨다. 내가 하나님의 영광스러운 계획 안에 있는 인물 중 하나라는 것이 사실이다. 즉 타락한 인간이 구원을 받아서 날마다 살아 계신 하나님을 섬기는 사람으로 점차 변화되어 가고 있다는 것이 사실이다. 나는 하나님을 사랑하기 때문에 예배자이다. 또한 나는 진정한 예배의 본질인 구원을 개인적으로 체험하였기 때문에 예배 인도자이다.

만약 우리가 개인적으로 구원을 체험한 것이 우리로 하여금 하나님을 찬양하는 예배 인도자가 되도록 동기를 부여한다면 이것은 교회 전체에 전염될 것이다. 그리스도의 몸은 예배 인도자가 그리스도에 대하여 흥분했다는 것을 느낄 수 있다. 교인들은 자신의 목소리나 그 밖의 인간적인 특성과 사랑에 빠진 예배 인도자로부터 그리스도의 사랑을 진정으로 감사드리는 예배 인도자를 분간해 낼 수 있다. 잠시 후에 살펴볼 것이지만, 나는 음악적 완성도의 중요성을 격하하는 것은 아니다. 그러나 당신의 마음속에 있는 것이 그것뿐이라면, 당신의 예배는 우상숭배적이다. 그 예배에서 드러날 것은 예수님이 아닌 음악일 것이다. 우리는 구세주와 열정적으로 사랑에 빠질 필요가 있다. 우리는 예수 그리스도에게 심취해야 한다.

예배 인도자로서 당신은 자신과 찬양팀, 성가대, 관현악단 그리고 당신과 함께 일하는 사람들에게 주일 아침마다 일어나는 이유는 예수님이 살아 계시며 그분을 믿는 자들은 구원을 얻을 수 있다는 것을 선포하기 위해서라고 상기시켜 주라.

■■ 개인 간증과 예배

당신의 예배시간에 개인 간증 시간을 계획해 보라. 자신부터 시작해서 장로들과 집사나, 당신의 반주자들 순으로 간증 시간을 마련해 보라. 매주 한 사람이 일어서서 그들의 삶에 예수님이 어떻게 역사하고 계시는지를 나누라. 그런 다음에 교회의 다른 일원들도 똑같이 하도록 하라. 이렇게 하면 세 가지 일이 일어난다. 먼저, 우리가 주일마다 주님께 찬양을 드리는 이유를 교인들에게 상기시켜 준다. 두 번째로, 그들은 형제자매의 간증을 통하여 그들의 삶에 하나님께서 어떻게 역사하는지를 들음으로 축복을 받을 것이다. 세 번째로, 다른 교인들도 지상명령에 따르는 생활방식을 받아들이도록 영감을 받을 것이다.

예를 들어서, 우리는 최근에 어느 부부가 우리 예배시간에 하나님께서 어떻게 그들의 결혼을 회복시켰는지를 나누었다. 둘 다 기독교 대학교를 다녔으며, 졸업하자마자 곧바로 약혼하고 결혼하였다. 그러나 그들이 결혼식을 올리고 나서 얼마 되지 않아 그들의 결혼에 문제가 발생했다. 혼외정사가 일어났던 것이다. 그래서 그 부부는 이웃에 있는 그리스도인들에게 도움을 받기로 결정했다. 그들을 상담한 부부가 마침내 이들을 예수 그리스도와의 개인적인 관계로 인도하게 되었다. 이 부부는 둘 다 거듭나지 않았던 것이다. 제자훈련과 결혼 상담이 이어졌으며 하나님은 그들의 결혼을 치유해 주셨다.

이 부부가 그들의 이야기를 우리 예배시간에 나누었을 때 하나님의 특별한 임재하심이 느껴졌다. 우리 모두는 종교적이면서도 하나님을 모를 수 있다는 것을 깨달으며 교회 문을 나섰다. 또한 그리스도의 치유하시는 능력과 그분이 상한 사람들을 회복시키고 싶어 하신다는 사실을 우리에게 상기시켜 주었다.

누구나 "700 클럽"(미국 크리스천 TV 방송에 나오는 간증 프로그램―역주)에 나올 법한 간증을 가지고 있지는 않다. 어떤 사람들은 그들이 고통스러워하며 인생에서 가장 어두운 시기를 거치고 있을 때 어떻게 하나님만이 그들을 견딜 수 있도록 붙잡아 주셨는지를 간증하곤 하였다. 이러한 간증도 그리스도의 몸에 축복일 수 있다. 간증은 예배시간에 불을 붙인다.

💡 단원 요약

예배는 살아 계신 하나님과의 관계를 떠나서 연구할 수 있는 것이 아니다. 예배는 예수님의 피로 구원된 사람들에 의하여 드려져야 하는 것이다. 예배는 하나님의 격노하심으로부터 구원을 받았다는 사실을 기념하기 위하여 하나님에 의하여 입양된 양자들과 양녀들이 참여하는 것이다. 우리는 부를 찬양이 있기에 찬양을 부른다. 즉 예수 그리스도가 우리를 구원하셨다는 사실을 찬양하는 것이다. 이 사실을 항상 기억하기 바란다.

예배 인도자들은 구원을 체험하는 것 외에도 하나님께서 온 역사를 통하여 하신 일과 그리스도가 현재 하시는 일 그리고 장래에 하실 일들을 다른 사람들에게 전한다. 말씀 선포는 항상 이루어지고 있다. 그리고 이것 또한 예배 인도자의 역할이다.

말씀에 정통한 예배 인도자만큼 힘 있는 사람은 없다. 이 사람이 복음을 알고, 복음에 대하여 열정적이며, 복음을 분명하게 전달할 수 있다면, 그 예배 인도자는 수많은 사람들에게 엄청난 영향력을 행사할 수 있다. 그러나 그 반대 또한 사실이다. 예배 인도자가 복음 이외에 또 다른 내용을 선전하고 있다면 예배는 더럽혀질 것이다.

제자의 의무는 구원을 체험하고 기쁜 소식을 전하는 것이다. 제자는 기쁜 소식을 항상 아낌없이 전해야 한다. 그리스도의 제자들은 모두 사신(ambassador)이다. 사도 바울은 이렇게 말한다. "그리스도를 대신하여 사신이 되어."(고후 5:20) 우리는 예수 그리스도와 하나님의 왕국을 대표한다.

거듭난 신자들은 예배시간에 노래와 성찬식 그리고 말씀으로 그리스도가 하신 일을 선포한다. 우리는 주일마다 예수 그리스도와 그분이 전 역사에 이루신 업적을 찬양하기 위해 모인다. 이것이 바로 기독교 예배이다. 우리는 오직 그리스도만 설교해야 한다. 우리 예배가 그리스도 중심적이려면 그분의 생, 죽음, 부활 그리고 재림을 선포해야 한다.[1]

그러면 어떻게 그리스도를 선포할 수 있을까? 우리가 어떻게 하면 살아 있는 말씀을 선포할 수 있을까? 어떻게 예수님이 왕 중의 왕이시며 그리스도라는 것을 전달할 수 있겠는가? 말씀 선포의 특징을 이루는 요소들은 무엇인가?

■■ 우리 행위로 그리스도를 선포하기

그리스도를 선포하는 첫 번째 방법은 우리가 살아가는 방식을 통해서이다. 우리의 행위는 우리를 그리스도인으로 구별해 주어야 한다. 흔히들 정확한 교리를 갖는 것에 지나치게 신경을 쓰면서 우리가 사는 방식에는 거의 신경을 안 쓰는 실수를 저지르곤 한다. 우리는 기독교 신앙을 지적으로 측정하는 엄격한 검사를 만들어서 주 예수 그리스도가 주신 위대한 계명을 외면하곤 한다. "새 계명을 너희에게 주노니 서로 사랑하라 내가 너희를 사랑한 것같이 너희도 서로 사랑하라 너희가 서로 사랑하면 이로써 모든 사람이 너희가 내 제자인 줄 알리라."(요 13:34-35) 우리가 사람들에게 베푸는 사랑이 우리가 하는 어떤 일보다도 그리스도를 잘 나타낼 것이다.

그렇다고 내가 교리와 신학이 중요하지 않다고 말하는 것은 아니다(첫 두 장에서 그것들이 중요하다고 이미 논의한 바 있다). 기독교는 '합리적'이다. 누구든 기독교의 기본적인 교리에 관하여 사도 바울과 같이 말할 수 있어야 한다. "여러분이 이미 받은 것과 다른 복음을 여러분에게 전하는 사람이 있다면, 그가 누구이든지, 저주를 받아야 마땅합니다."(갈 1:9하, 새) 그런데 예수님 자신에 의하면 이 기독교의 상징 중에 하나인 사랑은 우리 행위에서 베어 나온다는 것이다.

예배 인도자는 사랑의 본을 보여 주어야 한다. 우리가 아무리 훌륭한 음악적인 기교나, 말솜씨 또는 예배 의식이 있다 하더라도 사랑이 없다면 아무것도 아니다(고전 13장). 우아한 것만으로는 충분하지 않다. 우리 행동이 사랑의 본보기가 되어야 한다. "사랑은 오래 참고 사랑은 온유하며 시기하지 아니하며 사랑은 자랑하지 아니하며 교만하지 아니하며 무례히 행하지 아니하며 자기의 유익을 구하지 아니하며 성내지 아니하며 악한 것을 생각하지 아니하며 불의를 기뻐하지 아니하며 진리와 함께 기뻐하고 모든 것을 참으며 모든 것을 믿으며 모든 것을 바라며 모든 것을 견디느니라."(고전 13:4-7) 이것이 우리가 예배 인도자로서 선포해야 하는 기독교의 본질이다. 사랑은 우리가 하는 모든 행위에 묻어나야 한다.

"당신의 자아가 너무 커서, 당신이 하고자 하는 말이 묻혀 버린다."는 문구가 있다. 당신은 행위로 그리스도를 선포하는가 아니면 다른 것을 선포하는가? 예배 인도자로서 당신을 이끄는 것이 무엇인지를 파악하는 것은 중요하다.

그리스도가 살아가신 방식대로 살아감으로 그분을 선포하는 것은 대단히 중요하다. 우리의 삶에서 성령의 열매가 계속해서(시종일관) 나타나야 한다. 우리가 행하는 예배 인도를 통하여 이러한 메시지가 나와야 한다. 우리는 숙련된 예술가이되 경건한 사람들이어야 한다. 즉 우리 안에 거하시는 성령님을 드러내는 신자들이어야 한다.

복음이 증거 되는 주요 수단은 우리를 살펴보는 세상 앞에서 어떻게 행동하느냐에 달려 있다. 우리가 부르는 노래나 설교하는 메시지뿐만이 아닌 '우리 자신'이 곧 말씀이다.

■■ 말씀 선포로서의 신체적 건강과 정신적 건강

예배 인도자로서 당신은 당신의 건강 또한 반드시 관리해야 한다.

우리는 최상의 태도와 행동을 보여주기 위하여 충분한 운동과 휴식을 취해야 한다. 또한 우리 몸을 위해서 섭취하는 음식의 종류를 조심하는 것도 중요하다. 빈약한 식단은 빈약한 건강을 낳으며, 그러한 의도적으로 악화된 건강은 우리가 전하고자 하는 복음을 위해서도 좋지 않다는 것을 우리는 모두 알고 있다.

적절한 운동과 휴식을 취하지 않으면 신경이 날카로워지며, 스트레스가 쌓인 상황에서 부정적으로 반응하기가 쉽다. 내 주위에서 호시탐탐 노리고 있는 원수 마귀가 있기 때문에 자칫 잘못하면 나의 행위로 예수님을 잘못 나타낼지도 모른다. 내가 정말로 하고 싶지 않은 일은 마귀를 돕는 것이다. 나의 존재로 예수님을 선포하려면, 나의 몸을 잘 돌볼 필요가 있다.

신체적인 건강은 또한 우리의 감정적 건강을 어떻게 보호하느냐에 영향을 받는다. 감정적인 것과 육체적인 것은 깊은 관계를 맺고 있기 때문이다. 하지만 사람들을 용서하지 않는 것이나, 일주일 중 하루를 휴식하지 않는 것, 너무나 많은 책임을 떠맡는 것, 중심을 잡지 못하는 것, 삶의 뚜렷한 목적의식을 갖지 않는 것, 재정관리능력이 부족한 것, 건강한 인간관계를 맺지 못하는 것 등 또 다른 문제들에 직면할 수도 있다. 이러한 문제들은 우리의 감정적인, 더 나아가서 신체적인 건강을 해칠 수 있다. 따라서 우리는 삶에 불필요한 스트레스를 줄 수 있는 문제들에 잘 대처할 수 있어야 한다. 이러한 기본적인 문제들이 복음을 증거하는 데 걸림돌로 작용할 수 있다. 예배 인도자로서 우리의 삶은 평안과 절제가 필요하다. 그래서 예수님께서 마태복음 11장 28-30절에 말씀하신 바와 같이 우리의 삶은 가벼운 멍에를 진 자를 대표할 수 있어야 한다.

■■ 당신의 결혼과 가족을 통하여 그리스도를 선포하기

당신이 결혼했다면 의식하고 있든 의식하지 않든지 간에 당신의 결혼은 복음의 증거가 된다. 예배 인도자로서 당신은 배우자와의 관계에 반드시 투자해야 한다. 이것은 당신의 간증에 필수적이다. 당신의 사역을 방해할 것으로 생각되는 마지막 일은 결혼 생활에 실패하는 것이다.

당신에게 자녀가 있어도 마찬가지이다. 당신의 자녀들에게 투자하라. 당신의 자녀들과 예배를 드리고, 그들에게 하나님의 말씀을 가르쳐라. 그들과 '함께', 그들을 '위하여' 기도하라. 사역에서 무슨 일을 하든지 당신의 가족을 외면하지 않도록 조심하라. 가족 문제 때문에 사역을 그만두어야 하는 사람이 되지 마라. 당신의 삶을 먼저 주님께 드리고 그리고 난 후에 당신의 가족을 사랑하라. 건강한 결혼과 하나님께 감사하는 자녀들은 당신에게 무엇보다도 많은 힘을 줄 것이다.[2]

■■ 언어로 그리스도를 선포하기

우리는 또한 말할 때 그리스도를 선포한다. 우리가 예배 인도자로서 사용하는 말은 무척 중요하다. 우리는 경솔하거나, 무례하거나, 생각 없이 함부로 말할 겨를이 없다. 우리는 복음에 대하여 무언가 분명하고 간결하게 말해 주어야 한다.

음악은 강력한 도구라고 불리어 왔다. 이것은 세속적인 음악에도 해당되지만, 기독교 음악에 있어서는 특히 그러하다. 우리가 부르는 노래 가사는 사람들의 마음속에 깊이 새겨질 것이다. 그리고 하고자 하는 말을 생각해 보고 전달하는 것은 필수이다.

우리 대화 속의 은혜

"너희 말을 항상 은혜 가운데서 소금으로 맛을 냄과 같이 하라 그리하면 각 사람에게 마땅히 대답할 것을 알리라."(골 4:6) 우리는 대화 중에 다른 사람을 혹평하거나 자신을 높이는 경향이 있다. 그래서 우리의 말로 다른 사람들을 욕하고, 그들에 대한 나쁜 소문을 퍼뜨리며, 그들을 비방하고, 해친다. 야고보는 우리에게 이렇게 말하고 있다. "이와 같이 혀도 작은 지체로되 큰 것을 자랑하도다 보라 얼마나 작은 불이 얼마나 많은 나무를 태우는가 혀는 곧 불이요 불의의 세계라 혀는 우리 지체 중에서 온몸을 더럽히고 삶의 수레바퀴를 불사르나니 그 사르는

것이 지옥 불에서 나느니라."(약 3:5-6)

우리 예배 인도자들은 우리의 말이 은혜의 특성을 띄도록 성령님이 우리 말을 통제하게 할 필요가 있다. "당신의 대화가 항상 은혜로 가득 넘치도록 하라."는 말이 무엇을 의미하는가? 첫째로, 우리가 하나님의 선하심에 대하여 말해야 한다는 것을 의미한다. 우리가 감사하는 습관을 형성하면 투덜대거나, 말다툼을 하지 않을 것이다. 우리가 끊임없이 주님을 찬양한다면 불평하는 마음을 보일 틈이 없을 것이다.

둘째로 이 말은 우리가 다른 사람들에게 또는 다른 사람들에 대하여 말하는 방식과 연관되어 있다. 우리는 서로에게 말을 건넬 때 은혜롭고 친절하며, 선함으로 가득 찰 필요가 있다. 여러 사람이 모여 있으면 갈등이 생긴다는 것은 상식일 것이다. 예의는 대인 관계의 윤활유이다. 다른 사람을 공손하게 대할 때마다 그의 인간관계는 더 좋아질 것이다.

우리는 또한 말할 당시에 그곳에 없는 사람을 존중해야 한다. 우리가 하나님을 사랑한다 하면서 혹평하는 말로 형제나 자매를 언어적으로 살인한다면 그것은 위선이다.

당신이 완전한 예배 인도자가 되기 위해서는 은혜가 넘치며, 소금으로 맛을 내는 것과 같이 당신이 말하는 것으로 사람들 사이에 알려져야 한다. 당신의 말은 치유와 회복 그리고 희망을 가져다주어야 한다. 그러나 그 말은 수군거림이나, 투덜거림 또는 불평으로 가득 차서는 안

된다. 예배 인도자로서 당신은 어느 때든지 복음을 선포할 수 있는 능력을 갖추고 있어야 한다. 그러면 이것이 당신이 부르는 찬양과 일맥상통할 것이다.

우리가 부르는 노래 가사

우리는 하는 말뿐만 아니라 우리가 부르는 노래 가사도 생각해 볼 필요가 있다. 노래 가사, 즉 합창과 찬송가는 예수님에 대하여 무엇을 말하는가? 우리의 노래로 복음을 선포하는가? 이것은 대단히 중요하다. 나에게 있어서 이것은 우리가 기타를 사용하느냐, 북을 사용하느냐, 성가대 또는 오르간을 사용하느냐 하는 문제보다 더 중대하다. 메시지를 전달하는 수단도 중요하지만 메시지 그 자체가 더 중요하다.

수많은 전통적인 또는 현대 찬송가들은 교회 예배에 넣을 만한 가치가 없다. 그것들은 아무런 메시지를 담고 있지 않거나 복음에 대하여 잘못된 메시지를 전한다. 우리는 메시지를 충분히 알고 있어야 한다. 그래야지 새로운 노래가 나오면 우리가 그것을 말씀에 비추어 봄으로 받아들이거나, 거부할 수 있는 판단력이 생기기 때문이다. 우리 자신이 작곡할 때도 이 사실은 동일하게 적용된다. 우리는 복음적인 진실을 지닌 가사를 작곡해야 하며 우리 하나님에 대하여 그릇된 인상을 심어 주는 가사를 피해야 한다. 우리가 작사하는 노래 가사에 주님이 드러나야 한다. 그 가사는 복음의 단순함을 전달하기 위하여 꼭 정교할 필요는 없다. 사도 바울은 이렇게 말했다.

> 형제들아 내가 너희에게 나아가 하나님의 증거를 전할 때에 말과 지혜의 아름다운 것으로 아니하였나니 내가 너희 중에서 예수 그리스도와 그가 십자가에 못 박히신 것 외에는 아무것도 알지 아니하기로 작정하였음이라 내가 너희 가운데 거할 때에 약하고 두려워하고 심히 떨었노라 내 말과 내 전도함이 설득력 있는 지혜의 말로 하지 아니하고 다만 성령의 나타나심과 능력으로 하여 너희 믿음이 사람의 지혜에 있지 아니하고 다만 하나님의 능력에 있게 하려 하였노라(고전 2:1-5).

이 말씀은 우리 노래에도 똑같이 적용될 수 있다. 노래 가사는 복음을 전달하기 위하여 반드시 정교할 필요는 없다. 그 가사들은 간단하면서도 진실해야 한다. 그 가사들은 짧고 함축적이면서 메시지의 본질을 반영할 수 있어야 한다.

사람들이 정교하게 짜인 교리적인 찬송가를 시편 42편을 기초로 만든 "목마른 사슴과 같이"처럼 간단한 합창과 비교할 때 나는 난감해진다. 둘 다 나름대로 복음에 대하여 정확하다. 따라서 비교할 필요가 없다. 훌륭한 설교가 반드시 흠정역(King James version)의 성경 번역본에서 인용된 말씀으로 가득 찰 필요가 없듯이 찬송가가 복음의 진리를 전달하기 위하여 반드시 고대어로 작사되어야 한다는 법은 없다. 단지 둘

다 정확하기만 하면 되는 것이다.

기껏해야 교계에서 우리 음악 평론은 빈약하다는 것이 나의 주장이다. 아직 개척되지 않은 교회에서 모든 예술이 성장할 가능성이 있는데도, 우리가 전통 찬송가를 불러야 할지, 현대 합창(60년대 음악으로 대부분 분류되는 현대 교회음악)을 불러야 할지 고민하는 데 너무나 바쁘다. 하나님은 모든 형태의 음악과 악기를 좋아하신다는 것을 우리가 깨달아야 할 때가 되었다(시 150편 참고). 문제는 그 내용이 그분에게 감사와 영광을 돌리느냐이다.

가사 내용이 진실하기 위하여 꼭 복잡할 필요는 없다. 말이 진실하기 위해서는 그냥 진실하기만 하면 되는 것이다. 그 내용이 웅장할 필요는 없다. 동시에, 그 가사가 지나치게 단순할 필요도 없다. 의사소통을 하기 위하여 말을 사용하는 방법을 알기만 하면 된다. 그 가사 내용이 복음의 진리를 전달한다면 그 가사는 해야 할 일을 한 것이다.

■■ 말씀 선포

복음의 선포가 성경읽기와 가르침 그리고 설교를 통하여 궁극적으로 이루어질 것이라고 말하는 것은 어림잡아 하는 말이다. 사도 바울은 디모데전서에 이렇게 기술하고 있다. "내가 이를 때까지 읽는 것과 권하는 것과 가르치는 것에 전념하라."(딤전 4:13) 예배시간에는 성경말씀에 전념해야 된다. 사람들이 우리 교회에 올 때 하나님의 말씀을 들어야 한다.[3]

어떤 신자들은 음악이 예배시간에 말씀에 대한 설교의 예비 단계에 불과하다고 우려를 표명한 적이 있다. 음악은 오락보다 더 큰 역할을 담당해야 한다. 음악은 하늘에 계신 아버지 앞으로 우리를 인도해야 한다. 하지만 요즘 추세가 반대 방향으로 향하고 있어서 염려된다. 말씀을 설교하고 가르치는 것은 음악에 부수적인 요소가 되어 가고 있다. 교회가 우리 공동체의 등대가 되려면 이러한 현상이 바뀌어야 한다.

말씀사역을 통하여 교인들의 믿음이 굳건해진다. 왜냐하면 믿음은 말씀을 들음에서 생기며, 들음은 그리스도를 전하는 말씀에서 비롯되기 때문이다(롬 10:17). 우리는 말씀읽기와 가르침 그리고 설교에 충실해야 할 필요가 있다. 이러한 것들이 말씀선포의 가장 중요한 형태이기 때문이다.

말씀읽기

최근에 우리 소그룹에서 히브리서를 공부하기로 했다. 우리의 정상적인 패턴은 성경공부시간마다 한 단락을 살펴보고 그것이 우리에게 어떻게 적용되는지를 논의하는 것이었다. 그런데 나는 우리 성경공부

첫날에 소그룹 전체가 히브리서 13장 전부를 읽도록 하였다. 히브리서를 전부 읽는 데 보통 읽는 속도로 30분밖에 걸리지 않았다.

우리 성경공부 그룹에 속해 있던 대부분의 사람들은 이러한 경험을 한 번도 해 본 적이 없었다. 그들은 말씀을 전체적인 맥락에서 읽는 데 익숙하지 않았다. 유명한 구절들이 많이 나왔지만 우리는 그것을 전체적인 맥락에서 제외하는 경향이 있다는 것을 발견했다. 우리는 히브리서 전체를 통독함으로 그 전체적인 맥락을 이해할 수 있었다. 우리는 이 책이 박해받는 와중에 권고라는 것을 깨달았다. 이 책을 전체적으로 읽음으로써 우리는 그것을 훨씬 더 정확하게 해석했다.

함께 읽든 개인적으로 읽든지 간에 성경말씀을 통독하는 것은 훌륭한 복음 선포 방식이다. 말씀을 읽고 나머지 일은 성령님께 맡겨라. 우리가 시편뿐만 아니라(물론 시편도 훌륭하지만), 성경 전체를 1년 안에 읽을 필요가 있다. 이렇게 하면 우리 교인들에게 균형 잡힌 성경말씀 식단을 제공해 줄 것이다.

말씀을 읽을 수 있는 또 하나의 방법은 교독(responsive reading)하는 것이다. 이것은 주님의 말씀을 선포하는 데 강력한 도구이다. 전통적인 접근은 목사나 예배 인도자가 읽고 사람들이 교독하도록 하는 것이다. 남자 성도들과 여자 성도들이 번갈아 교독하도록 할 수도 있다. 아니면 또 다른 방법으로 읽도록 할 수 있다. 예를 들어서 청중의 서쪽과 동쪽이 번갈아서 읽도록 하는 것이다. 말씀을 교독할 때 유년부도 읽도록 하면 특히 더 강력한 효과를 발휘한다.

더 나아가 말씀을 창조적으로 읽는 또 다른 방식은 읽는 사람들로 구성된 성가대 또는 드라마 팀이 교회의 여러 장소에서 읽도록 하는 것이다. 이러한 독특한 말씀읽기 방식은 말씀의 영향력을 정말로 확장시킬 수 있다. 말씀읽기를 통하여 신선한 성구 선포 방법을 끊임없이 연구해 보라.

말씀을 설교하고 가르치기

성경말씀을 선포할 수 있는 다음 접근법은 말씀을 설교하고 가르치는 것이다. 말씀은 읽어야 할 뿐만 아니라 설명해 주어야 한다. 이러한 이유로 하나님께서 그리스도의 몸에 설교와 가르침의 은사를 주신 것이다. 하나님은 말씀을 전하는 사람들이 말씀을 선포할 뿐만 아니라 그것이 무엇을 뜻하는지도 설명하기 바라신다. 말씀을 설교하고 가르치는 것은 우리 예배에 핵심이어야 한다.

예배시간에 말씀을 설교하고 가르치며, 그리스도와 그의 나라를 선포해야 한다. 말씀을 통해서만 우리가 구세주이신 하나님을 이해할 수 있다. 하나님이 누구신지에 대한 정확한 정보가 없다면 우리는 우상 숭배에 빠질 수밖에 없다는 사실을 깨달아야 한다. 그렇기 때문에 우리는 계시와 구속을 반드시 이해해야 하는 것이다. 다시 말하지만, 예수 그리스도의 제자가 되는 것은 우리가 보고 들은 바를 전하는 것을 의미한다(요일 1:3-4).

말씀을 가르치고 설교할 수 있는 권한을 부여받은 목사는 이 모든 것이 기교를 요구한다는 것을 이해하면서 설교하고 가르쳐야만 한다. 음악가가 자신의 악기를 연습하듯이, 하나님의 말씀을 가르치는 사람은 말씀을 좀 더 효과적으로 전달하기 위하여 연구해야 한다.

우선 하나님의 말씀을 가르치거나 설교하는 사람은 '내용'에 중점을 두어야 한다. 무엇을 말하느냐가 중요한 것이 아니라, 그것을 어떻게 전달하느냐가 중요하다는 말을 들어본 적이 있을 것이다. 그러나 이것은 하나님의 말씀을 가르치는 사람에게는 적용되지 않는다. 당신이 말하려는 '내용'과 그것을 전달하는 '방법', 모두 중요하다. 당신은 예배시간에 신빙성 있게 하나님의 말씀을 가르쳐야 한다.

내용에 관하여 말할 때 나는 설교를 위해 필요한 해석학적 기술을 말하는 것이다. 말씀은 역사적·문화적 맥락에 일치되게 문법적, 사전적, 신학적인 정확성을 가지고 선포해야 한다.

말씀을 설교하고 가르치는 사람으로서 우리는 그 당시에 청중에게 그 특정한 성구가 무엇을 의미했는지 의문을 가져야 한다. 그런 다음에 그 말씀이 우리 삶에 어떻게 적용되는지를 물어보아야 한다. 성경의 해석(석의, Exegesis)은 분명히 '중요하다.' 하나님의 말씀을 가르치고 설교하는 것은 예배시간의 말씀 선포에 결정적이다.

내용도 중요하지만 '전달'(delivery)도 동등하게 중요하다. 우리는 사람들과 의사소통하는 방식으로 가르치고 설교하는 '방법'을 터득해야 한다. 말씀 전달에 관련된 다음과 같은 영역은 필수적이다. 그것은 논리적인 전개와 전체적인 주제, 눈 접촉, 이야기하기, 열정 그리고 헌신을 물어보는 것이다.

논리적인 전개를 내용 범주에 넣는 것이 더 쉬울지도 모르나(분명히 내용에도 속한다), 만약 논리적인 전개가 빠진다면, 그것은 의사전달에 상당한 영향을 끼칠 것이다. 너무나 많은 설교가 설득력이 없기 때문에 영향력을 행사하지 못하곤 한다. 하나님의 말씀을 설교하고 가르치는 사람은 설교의 구조에 대해서도 생각해야 한다. 즉 서론과 본론, 결론 그리고 이야기 전환에 대하여 생각해 보아야 한다. 다시 한 번 음악적인 비유를 들자면, 노래에는 형태가 있다. 대부분의 노래는 필요한 전환과 함께 서론과 본론 그리고 결론으로 구성되어 있다. 말씀을 가르치는 사람은 형태의 부족이 곧 질서의 부족이라는 것을 깨달아야 한다. 그리고 이것은 단순히 혼란을 야기할 뿐이다.

설교의 전체적인 주제(big idea) 또한 전달을 더 효과적으로 할 것이다. 주제 설교가 그렇게 강력한 이유 중 하나가 바로 이것 때문이다. 당신이 사람들에게 전체적인 주제를 준다면 그들은 설교 전체를 집중하여 들을 것이다. 만약 당신이 교인들에게 설교에 대하여 생각해 볼 것을 여러 가지 제시한다면 그들은 교회 문을 나서는 순간 당신이 설교한 내용을 잊어버릴 것이라고 장담한다.

전달의 다음 영역은 눈 접촉이다. 당신은 '반드시' 교인들과 눈이 마주쳐야 한다. 당신이 설교와 가르침을 통하여 말씀을 효과적으로 선포하기를 원한다면 절대로 원고만 읽지 마라. 이것의 피해는 심각하다. 나는 원고를 읽으면서 효과적으로 의사를 전달하는 사람을 지금까지 본 적이 없다. 내가 교회 단상에 앉아 있는데, 설교자가 나나 회중에 있는 사람들 중에 그 누구도 쳐다보고 있지 않다면 그것은 이 사람이 말하고자 하는 청중들에게 관심이 없다는 뜻이다. 일대일 상황에서 눈 접촉이 중요하듯이 설교하거나 가르치는 상황에서도 이것은 상당히 중요하다.

이야기를 잘할 수 있는 능력도 가르침의 전달에 도움을 준다. 예수님은 이야기를 잘하시는 분이셨기에 많은 사람들이 그의 말에 귀를 기울였다. 그의 청중들은 그분이 율법학자들과는 달리 권위를 가지고 설교하신다는 것을 깨달았다. 예수님은 오셔서 하나님 나라에 관하여 이야기해 주셨다. 만약 당신에게 말씀을 가르치거나 설교할 수 있는 권한이 부여된다면, 그 설교를 이해하는 데 도움을 주는 이야기를 들려주라.

더 나아가 당신과 하늘에 계신 하나님 아버지와 친교하는 데 도움을 줄 만한 이야기를 해 주라. 당신이 설교하는 내용을 당신의 삶에 적용하려다가 어떠한 어려움을 겪었는지 들려주라. 그리고 당신이 어떻게 이 상황에서 하나님의 도움으로 승리할 수 있었는지를 청중들에게 보여 주라. 유진 피터슨은 말이 서로 상반되는 두 가지 목적을 위하여 사용될 수 있다는 것을 보여 준다.

> 말을 대충 두 가지 범주로 나눈다면, 그것은 의사소통을 위한 말과 친교를 위한 말로 분류할 수 있다. 친교를 위한 단어는 이야기를 하거나, 사랑을 호소하고, 친밀감을 키우거나, 신뢰를 쌓기 위하여 사용되는 말이다. 의사소통을 위한 말은 주식을 사고, 양배추 꽃을 팔거나, 교통을 통제하며, 수학을 가르치는 데 사용되는 말이다. 이러한 종류의 말들은 두 가지 다 필요하다. 그렇지만 친교를 위한 말은 목사의 전문 분야이다. 우리 목사들이 의사소통을 위한 말의 대가로서 사람들에게 다가간다면 우리는 결혼식에 창녀가 어울리지 않듯이 그 상황에 어울리지 않는다는 것을 깨달을 것이다. 우리는 친밀감을 팔려고 하는 것이 아니다. 우리는 친밀해지려고 하는 것이다. 그렇기 때문에 우리가 성찬식(holy communion)이라는 단어를 사용한다.[4]

이것은 설교하거나 가르치는 상황에서 주님의 말씀을 효과적으로 선포하고자 하는 데 대단히 중요하다. 나는 당신이 하나님뿐만 아니라 당신 자신과 청중이 관계를 맺도록 해야 한다고 본다. 나에게 있어서, 말씀 선포의 가장 잊혀질 수 없었던 몇몇 순간들은 복음을 나눌 뿐만 아니라 자신의 삶을 나누었던 사람들에 의한 것이었다(살전 2:8). 이것은 어느 정도 자기 개방과 투명성을 요구한다. 나는 사람들이 복음을 들으려고 할 뿐만 아니라 그것이 어떻게 삶에 적용되는지를 보려고 한다고 분명히 말해 주고 싶다. 당신의 이야기를 통하여 청중이 당신을 비롯하여 하나님과 친교를 맺을 수 있도록 하라.[5]

당신이 효과적으로 복음을 선포하고자 한다면 또한 주님의 말씀에 열정적이어야 한다. 가장 효과적인 교사들과 설교가들은 예수님과 그분의 말씀과 사랑에 단순히 빠진 사람들이다. 그것은 그들의 설교와 가르침에 드러난다. 그들은 예수님과의 관계와 하나님의 말씀을 가르치는 것에 열의가 있다. 당신의 예배시간이 영적 부흥으로 달아오르려면 열정이 반드시 필요하다.

마지막으로 헌신을 요구하라. 교회는 소식만 전달받아서는 안 되며 움직여야 한다. 청중이 구체적으로 무엇을 해야 하는지 말해 준 다음에 청중에게 그것을 하라고 하라. 예수님과 그의 제자들도 헌신을 요구하였다. 이제 우리는 그렇게 해야 한다. 어떠한 형태의 반응도 요구하지 않으면서 말씀을 선포할 수는 없다. 우리는 그리스도의 몸인 교인들이 행동하도록 힘을 주어야 한다.

말씀을 설교하고 가르치는 것은 엄청난 책임이다. 모든 그리스도인은 제자로서 말씀을 선포할 책임이 있다. 하지만 음악가이든 설교자이든지 간에 예배 인도자는 말씀의 내용을 알고 그것을 효과적으로 선포할 수 있어야 한다. 이것은 단지 부수적인 요소가 아니라 예배의 핵심적인 요소이다. 만약 예배시간이 주님께 충실하려면, 말씀의 가르침과 설교가 우선시되어야 한다.

완전한 예배 인도자는 궁극적으로 그리스도를 선포한다. 그리고 이 것이 바로 이슬람교나 불교 예배 의식과 기독교 예배를 구별하는 것이다. 우리는 그리스도와 그분이 이루신 업적을 선포한다.

나는 최근에 휴가를 다녀왔는데, 그때 TV에서 기독교 방송을 볼 기회가 있었다. 내가 방송을 통하여 들었던 설교들은 내가 무슨 일을 해야 하며, 그리스도를 기쁘게 해 드리기 위해 살아야 한다는 것을 말해 주었다. 그 설교들은 모두 기독교인의 삶이 어떠해야 한다는 것을 강력하게 권고하고 있었다. 그런데 아무도 그리스도가 이루신 업적이나, 현재 하시는 일 그리고 앞으로 행하실 일에 대하여는 언급하지 않았다. 솔직하게 말하자면, 나는 동기부여 연설가가 나오는 정보성 방송(info-mercial)을 틀어도 똑같은 메시지를 들을 수 있었다. 우리는 언제 복음이 그리스도가 이루시고 현재 역사하시며, 앞으로 역사하실 일에 관한 것임을 배울 것인가? 이제 그만 우리 자신을 선전하고 주님이신 예수 그리스도를 전파하자(고후 4:5).

예배 인도자들은 예수님에 대하여 침묵을 지킬 수 없는 예수 그리스도의 제자들이다. 그들은 사람들에게 그분의 선하심을 계속해서 전하며, 끊임없이 복음의 소문을 퍼뜨린다. 또한 예수 그리스도만이 구원을 가능하게 한다는 메시지를 사람들에게 전해야 한다. 이것이 바로 선포이다.

나는 주 예수 그리스도를 선포할 수 있는 방법이 다양하다는 것을 주장해 왔다. 우리는 예배 인도자로서의 행위를 통하여 주님을 선포하며, 우리의 말과 노래 그리고 가족을 통하여 선포한다. 그리고 말씀의 가르침과 설교를 통하여 주님을 선포한다.

다음 3부에서 우리는 그리스도를 선포할 수 있는 특정한 방식인 예술(the arts)을 살펴볼 것이다. 우리는 아름다움의 진가를 인정하는 방법과 아름다움을 창조하는 방법을 탐구할 것이다. 이것은 우리의 사랑을 하나님께 돌려드릴 수 있는 것으로 그분께서 우리에게 주신 아주 특별한 수단이다.

part 03

예술가 되기

 서론

마음으로 드리는 예배는 예술로 풍요로워진다. 예술이 진정한 예배를
낳는 것이 아니라, 진정한 예배가 예술적인 표현을 낳는다는 사실을
분명히 이해해야 한다. 모든 형태의 예술은 하나님의 성품을 깨닫는 데
도움을 준다. 그분의 진리와 그분의 존재, 그분의 특성들, 그분의 구속
계획 그리고 그분의 영원한 계획은 모두 예술적인 표현을 통하여 이성과
감정으로 상상하고, 실감할 수 있다.[1]

예술가들은 감상하고 창조하는 법을 안다. 그들은 창조 과정의 일
부이다. 그들은 예술을 작곡하고 창조한다. 그것이 그들의 소명이기 때
문이다. 우리는 다음 두 장에서, 감상과 창조라는 두 가지 주제에 대하
여 논의할 것이다. 완전한 예배 인도자들은 신학자이면서 제자이어야
할 뿐만 아니라 예술가이어야만 한다. 그들은 예배를 드리는 회중에게
예술로 영향을 끼칠 수 있는 능력이 있어야만 한다. 그들의 예술 형태

를 통하여 하나님께서 자신을 위하여 그분의 백성들을 구속하신다는 메시지를 드러내야 한다.

완전한 예배 인도자는 아름다움을 감상할 수 있는 능력을 키워야 한다. 나는 독자가 아름다움이 실제로 존재하며 이것이 객관적이라는 것을 믿는다고 가정한다. 우리는 이 논점을 이 장에서 좀 더 연구할 것이다. 또한 나는 독자가 선(good)의 진가를 본래 인정할 수 있는 능력을 타고났다고 가정한다. 우리는 이 장에서 미학(aesthetics)의 근간을 논할 것이다. 이 논의를 위한 출발점으로 창세기를 한번 살펴보자.

■■ 창세기와 아름다움에 대한 감상

우리는 성경에 처음으로 나오는 책에서 이러한 말씀을 본다. "태초에 하나님이 천지를 창조하시니라 … 하나님이 이르시되 빛이 있으라 하시니 빛이 있었고."(창 1:1,3) 하나님은 하시던 일을 계속하셔서 나머지 자연 질서를 창조하신다. 그리고 창조 행사를 마치실 때마다 성경말씀은 하나님의 보시기에 좋았더라(창 1:4, 10, 12, 18, 21, 25, 31)고 말씀하셨다는 것을 보여 준다. 이 성구는 창세기의 첫 장에서 7번 반복된다. 1장의 마지막 절은 "하나님이 지으신 그 모든 것을 보시니 보시기에 심히 좋았더라…."(창 1:31)고 말하고 있다. 하나님은 그분이 창조하신 것을 감상할 수 있는 능력이 있었을 뿐만 아니라 그것의 진가를 실제로 인정하셨다. 그분은 자신이 창조하신 것을 정말로 즐거워하셨다.

우리가 그분의 형상대로 창조되었기에, 우리도 하나님께서 창조하신 것을 바라보며 주님과 더불어 '그것이 좋았더라.'고 선언할 수 있는 '능력'이 있다. 우리는 자연 질서를 바라보고 경탄하며 하나님께서 존재하지 않을 리가 없다는 결론을 내릴 수 있다. 창조물을 바라보고도 하나님이 존재하지 않는다고 결론을 내리는 것은 이 모든 창조물에 대한 유일한 해답은 하나님이 존재하시기 때문이라고 하는 것보다 더 큰 확신을 요구한다. 하나님께서 창조하신 것은 정말로 훌륭하다.

무엇이 창조물을 훌륭하게 만드는가? 하나님께서 무엇을 바라보고 좋다고 결론을 내리셨는가? 하나님께서 그것을 창조하셨기 때문에 그것이 좋다고 선언하셨는가? 아니면 그분이 창조하신 것에 무언가 특별한 것이 있었기에 그것이 좋다고 선언하셨는가? 창조적인 행위에 무언가 있는 것인가? 아니면 최종 결과가 좋았던 것인가?

■■ 질서와 아름다움 그리고 예배

아름다움을 이루는 요소들 중에 하나는 질서(order)이다. 하나님께서 우주를 창조하셨을 때, 창조 사건 순서에는 질서가 있었다. 각 창조 행위 안에서 성질이 반대인 한 쌍과 기능을 나눌 때에도 질서가 있었다. 나름대로 구별이 분명한 창조 행위마다 목적이 있었다. 하나님께서는 아무런 기능이나 목적 없이 단지 그것들을 창조하시지 않으셨다.

창조 사건을 신비롭게 하는 것은 하나님께서 아무런 물질 없이 자연 질서를 창조하셨다는 점이다. 그 당시에는 붓이나 물감 또는 캔버스도 없었다. 우리가 무언가를 창조할 때, 우리는 단지 이미 존재하는 요소들을 재구성할 뿐이다. 그러나 하나님께서 창조하실 때에는 무(無)에서 창조해 내셨다.

우리 모두는 질서에 대한 감각을 본래 갖고 있다. 우리는 느끼는 감정을 잘 표현하지 못할지도 모르나, 무엇이 질서 정연하고 무엇이 그렇지 않은지는 알 수 있다.

만약 당신이 운전하다 어느 마을을 지나가는데, 짧게 가지런히 깎인 잔디밭과 다듬어진 덤불 그리고 새 페인트로 칠한 집을 보고 나서, 잡초가 무성하고 페인트가 다 떨어진 집을 본다면, 어느 집이 더 아름다운지를 쉽게 분간해 낼 수 있을 것이다.

무엇이 잔디가 깎인 집을 더 아름답게 하는가? 그것은 바로 질서감이다. 관리가 된 집은 정돈되어 있다. 질서가 없으면 아름다움도 잃어버린다. 누군가가 정리 정돈할 시간을 내지 않았다면 거기에는 혼란스러움이 있다. 질서는 아름다움의 기초이다.

이제 이것을 우리 예배에 적용해 보자. 찬양 밴드가 예배를 인도하기 위하여 단상에 올라가 찬양을 연주하는데, 기타를 치는 사람이 틀린 코드를 치고 있다면, 무질서와 불협화음만 있을 뿐이다. 교인들은 무언가 잘못되었다는 것을 알고 있다. 그들은 '무엇이' 틀렸는지 잘 모를 수 있지만 그들에게 들리고 있는 것이 아름답지 않다는 것만은 안다.

만약 독창자가 음을 한 음 낮게 불러도 마찬가지이다. 예배를 드리는 사람들이 독창이 나쁘다고 할 뿐만 아니라 예배 체험이 최악이었다고 말할 것이다. 질서는 미(美)를 음미하는 데 필수적이다.

사도 바울이 이 사실을 가장 잘 알았다. 그는 고린도교회에 서신을 보낼 때 그들에게 질서를 권고했다. 그리스도의 몸인 교회는 무질서로 인하여 혼란스러웠다.

> 그런즉 형제들아 어찌할까 너희가 모일 때에 각각 찬송시도 있으며 가르치는 말씀도 있으며 계시도 있으며 방언도 있으며 통역함도 있나니 모든 것을 덕을 세우기 위하여 하라 만일 누가 방언으로 말하거든 두 사람이나 많아야 세 사람이 차례를 따라 하고 한 사람이 통역할 것이요 만일 통역하는 자가 없으면 교회에서는 잠잠하고 자기와 하나님께 말할 것이요

예언하는 자는 둘이나 셋이나 말하고 다른 이들은 분별할 것이요 만일 곁에 앉아 있는 다른 이에게 계시가 있으면 먼저 하던 자는 잠잠할지니라 너희는 다 모든 사람으로 배우게 하고 모든 사람으로 권면을 받게 하기 위하여 하나씩 하나씩 예언할 수 있느니라 예언하는 자들의 영은 예언하는 자들에게 제재를 받나니 하나님은 무질서의 하나님이 아니시요 오직 화평의 하나님이시니라(고전 14:26-33).

질서 있는 예배시간의 결과는 튼튼한 교회이다. 예배시간에 교인들은 주님께 찬양을 드릴 뿐만 아니라, 교화되어야 한다. 그리스도의 몸이 강화되지 않는다면, 회중 예배가 그 공범이다.

사도 바울은 각 사람의 말이 모두에게 전달되기를 원했고, 아무도 다른 사람에게 방해가 되지 않기를 바랐다. 사람들이 서로의 말에 귀 기울이지 않아서 모두가 충돌하는 것이 가장 무질서한 것이다. 이 동일한 원리는 관현악단에도 적용된다. 전문 관현악단에서, 음악가들은 거의 절반의 시간 동안 연주하지 않으면서 돈을 번다는 것이 당신을 놀라게 하지 않았는가? 당신이 교향악단의 연주회에 한 번이라도 가 보았다면, 현악기와 관악기, 금관악기 그리고 타악기는 시기적절하게 연주되며, 서로를 보조해 준다는 것을 알 것이다. 악보가 다른 것을 요구하지 않는 이상 모든 사람들이 동시에 연주하지는 않을 것이다.

관현악단에서 모든 사람들은 연주해야 할 파트가 있으며, 그들의 차례가 아니면 연주하지 않는다. 비유적으로 말해서 그리스도의 몸의 아름다움은 우리의 현악기와 관악기, 금관악기 그리고 타악기를 들을 수 있다는 데 있다. 거기에는 영혼과 기능의 질서가 있다.

만약 당신이 예배시간에 찬양 밴드를 이끈다면, 모두가 동시에 연주하지 않도록 하라. 예를 들어서, 느린 경배 찬양에서는 피아노나 기타가 전주를 연주한 후에 독창을 덧붙여라. 후렴구에 이르면, 찬양 팀의 보컬이나 성가대 아니면 드럼과 베이스 기타 그리고 키보드를 추가하라. 당신이 어떤 식으로 배열을 하던, 모두가 동시에 연주하지 않도록 하라. 당신의 음악가들에게 다른 사람들에게 귀 기울이기 위하여 연주를 하지 않는 훈련을 시켜라.

이 질서의 문제를 곰곰이 생각해 봄으로써 당신은 아름다움의 느낌을 추가하며, 좀 더 유익한 예배 체험을 만들어 낼 것이다. 정리되지 않은 것을 검토해 보고 고침으로, 당신은 좀 더 응집된 예배를 계획할 수 있을 것이다.

설교의 예를 들어보자. 설교가 짜임새가 있지 않다면, 듣는 사람들은 설교자의 말을 따라가거나 설교가 무엇에 관한 것인지를 아는 데 어려움을 겪을 것이다. 이것은 그들을 실망스러운 예배로 이끈다. 왜냐하면 설교를 듣는 사람들은 도대체 무슨 얘기를 하는지 모르기 때문이다.

교회당의 외부 구조도 마찬가지이다. 만약 조명이 나갔거나 음향 시스템에 소음이 심하면, 예배가 방해를 받을 것이다. 모든 사람들은 마음속으로 이것은 아름다운 상황이 아니라고 느낄 것이다. 우리는 예배다운 체험에 기여하기 위한 질서가 필요하다. 예배 인도자가 질서와 아름다움 그리고 예배의 관계를 이해하는 것은 대단히 중요하다.

■■ 아름다움은 취향의 문제인가?

아름다움은 한 사람의 취향에 관한 문제인가? 이 질문은 '그렇다' 또는 '아니다'로 답변할 수 있다. 물론 사람들은 그들이 좋아하는 것에 자신의 취향을 맞출 수 있는 것이 사실이다. 우리는 이것을 주관적인 선호(subjective preference)라 부른다. 그러나 모든 심미적인 판단은 실제로 아름답지 않다. 어떤 사람들은 음이 맞지 않게 연주되는 기타에 열광할 수 있다. 수많은 현대 작곡가들의 목표는 무질서를 표현하는 것이다. 그러나 한 사람이 그러한 취향을 개발한다고 해서 그것이 객관적으로 아름다워지지는 않는다.

나는 사람들의 예술에 대한 감상이 일관되지 않다는 것을 발견했다. 대부분의 사람들은 좋고 나쁜 것에 대한 느낌을 가지고 있다. 그들은 월급이 감당할 수 있는 범위 내에서 가장 좋은 마을에서 가장 훌륭해 보이는 집을 찾아낼 수 있는 능력을 가지고 있다. 여기서 나는 돈(accumulation)에 관하여 얘기하는 것이 아니라 진가를 인정하는 것(appreciation)에 관하여 말하고 있는 것이다.

나는 처음으로 연주회에 가기 전까지 관현악단의 음악의 진가를 결코 인정하지 않았다. 내가 네다섯 번 연주회에 참석한 뒤에, 나는 이것이 아름다운 음악이라는 확신을 가졌다. 어떻게 모차르트와 메릴린 맨슨(Marilyn Manson, 미국의 헤비메탈 그룹)을 비교할 수 있는가? 해답은 둘 다 시간을 두고 경험하는 데 있다. 만약 한 사람이 적어도 솔직하다면, 그 사람은 하나가 다른 것에 비해 더 객관적으로 아름답다는 것을 인정할 것이다. 나는 덜 아름다운 것을 좋아하기로 선택할 수 있다. 사람들은 언제나 그렇게 해 왔다. 그렇지만 깎인 잔디밭과 잡초가 무성한 잔디밭 사이에는 무엇이 좀 더 객관적으로 아름다운지에 관한 논쟁의 여지가 없다.

이것을 교회 예배에 적용하면, 당신의 사람들은 어설픈 음악과 설교에 익숙할지도 모른다. 그러나 만약 그들이 좋은 음악과 훌륭한 설교를 다른 곳에서 경험한다면, 그들의 마음을 돌이키기가 힘들 것이다. 소비주의에 관하여 불평할 수는 있다. 그러나 당신이 사람들에게 최상의 것을 선사하지 않는다면, 그들은 보다 나은 것을 찾아 떠날 것이다.

당신은 최상의 모습을 선사함으로써 하나님께 영광을 돌리고 있는가? 당신은 설교와 음악 그리고 개선될 여지가 있는 것에 투자를 함으로써 그분께 영광을 돌리고 있는가? 우리 교인들에게 최상의 음악과 최고의 설교 그리고 가장 좋은 드라마―전반적으로 최고의 미적 체험―를 들려주기 위하여 우리 모두 노력하자. 그래야지 그들이 만물의 왕께 영광을 돌리는 역동적인 예배시간의 진가를 인정하고 참여할 수 있을 것이다.

바울은 빌립보교회에 미학이 적용될 수 있는 좋은 조언을 해 주었다. "끝으로 형제들아 무엇에든지 참되며 무엇에든지 경건하며 무엇에든지 옳으며 무엇에든지 정결하며 무엇에든지 사랑받을 만하며 무엇에든지 칭찬받을 만하며 무슨 덕이 있든지 무슨 기림이 있든지 이것들을 생각하라."(빌 4:8) 이것이 우리의 점검표가 되어야 한다.

가장 먼저 그것은 참인가? '참된'(true)이라는 단어는 헬라어로 '알레테이아'(aleitheia)이다. 이 단어는 정말의, 진실한, 솔직한 그리고 진정한 이라는 뜻이 있다. 어떤 음악은 진정한 내용 없이 쓰인 것이다. 어떤 사람들은 돈을 벌거나 유명해지려고 노래를 작곡한다. 그렇다면 투박하게 기독교의 진실함을 표현하는 곡을 작곡하는 것은 어떨까? 기독교를 교리적으로 사로잡는 노래를 작곡하는 것은 또 어떨까? 완전한 예배 인도자의 노래들은 반드시 진실하고 진심에서 우러난 것이어야 한다.

둘째로 그것은 과연 '경건한가'(semnos)? 다른 번역본들은 진지한, 좋은 성격, 존중할 만한, 가치 있는, 또는 존경할 만한과 같은 단어를 사용한다. 과연 이 곡은 상을 받을 만한 것인가? 아니면 마지막 순간에 짜맞추어진 것인가? 만약 그 곡이 상을 받을 만한 가치가 없다면, 그것은 하나님이나 그분의 백성들에게 충분하지 않다. 가사와 음악 때문에 내가 부르지 않는 찬송가들이 몇 곡 있다. 이것은 현대적이냐 전통적이냐를 묻는 문제가 아니다. 이것은 음악적인 완성도에 대한 문제이다. 우리는 전반적인 기준을 높일 필요가 있다.

셋째로 그것은 '옳은가'(dikaios)? 이 음악이 하나님의 옳고 의로우심을 증거하는가? 여기서 우리는 윤리적인 범주로 들어선다. 어떤 예술은 하나님의 의로우심을 명백하게 왜곡한다. '디카이오우'(dikaiow, 의롭게 하다)라는 헬라어는 하나님과의 올바른 관계와 직접 연관되어 있다.

넷째로 그것은 정결한가? 이 단어는 '애그노스'(agnos)라는 헬라어에서 파생된 것으로, 정결함뿐만 아니라 성스러움, 순결함 그리고 결백함을 의미한다. 이 노래는 도덕적인 순결을 반영하는가? 아니면 도덕적인 타락을 반영하는가? 이 노래는 내가 정결한 삶을 영위하길 원하게 만드는가?

다섯째로 그것은 '사랑할 만한가'(prospsileis)? 이것은 기분 좋게 하거나 사랑스러운가? 오늘날 어떤 교회 음악은 미학에 이끌리지 않고, 시장에 끌려다닌다. 많은 사람들이 이 음악을 즐기고 구입하는데도, 어떤 세상적인 음악은 더 사랑스럽고 사람의 기분을 좋게 해 준다.

여섯째로 그것은 '칭찬할 만한가'(eupsyeima)? 이 단어에는 사람들이 좋게 말한다는 뜻이 함축되어 있다. 완전한 예배 인도자는 사람들이 음악 선곡에 대해서 어떻게 생각하는지를 신경 쓸 필요가 있다. 이러한 것은 회중의 문화와 장단을 맞추는 목회자의 마음을 요구한다. 내가 빌립보서 4장 8절을 음악에만 국한시켜 적용했더라도, 예배의 모든 영역에 이러한 동일한 검토가 적용되어야 한다. 안내원과 인사하는 사람들로부터, 전주곡, 예배 마지막의 오르간 독주, 설교, 헌금 시간, 광고 시간, 성찬식, 세례식 그리고 예배시간의 모든 요소에서 우리는 우수함을 추구해야 한다.

우리가 하는 일의 질적인 수준을 높인다면, 그만큼 우리의 예배시간은 미학적으로 즐길 만할 것이다. 준비되지 않은 예배의 진가를 인정하기란 정말 어렵다. 그러면 누군가가 이렇게 물을 것이다. "예배시간에 즉흥적인 것은 어때요?" 내가 재즈 음악가로서 대답하겠다. 즉흥연주는 재즈 음악의 영역이다. 그러나 체계가 없으면 즉흥연주는 불가능하다. 모든 훌륭한 즉흥연주가는 노래의 구성과 장단, 코드 그리고 그 코드 체계 내에서 즉흥연주를 할 수 있는 적절한 음계를 알고 있어야 한다. 이 구성과 즉흥성의 균형은 단독 코미디나, 연기 또는 야구와 같은 다른 전문직에서도 찾아볼 수 있다. 내가 예배를 인도할 때에만, 나는 목적을 가지고 즉흥연주를 하는 순간을 계획한다. 그렇지만 준비되지 않은 것과 똑같지 않다. 무언가가 훌륭하게 되었을 때, 우리는 그 프로젝트에 들어간 세심함의 진가를 인정한다. 우리의 예배시간도 마찬가지이다. 우리 최상의 것을 하나님께 드리자.

■■ 예술 애호가 되기

　나는 다양한 스타일의 음악과 다양한 예술적 표현을 좋아한다. 내 안에 함양된 것은 모든 예술 형태의 아름다움의 진가를 인정하는 것이다. 나는 이 예술에 대한 애호가 예배 인도자에게 중요하다고 생각한다. 왜냐하면 우리는 우리가 하고 있는 일, 즉 아름다움을 감상하고 창조하는 것을 즐겨야 하기 때문이다.

　이것을 여러 방식으로 할 수 있다. 우선 당신이 평소에 듣는 것 외에 여러 스타일과 다양한 장르의 음악을 감상하는 법을 배워라. 많은 사람들은 내가 이탈리아의 오페라를 좋아한다는 사실을 알고 놀란다. 나는 특히 푸치니와 베르디 그리고 로시니를 좋아한다. 나는 이 음악이 열정적이기 때문에 좋아한다. 이 음악은 가공되거나 인간성이 결여되지 않았다. 그 음악은 인간의 변덕스러움을 포함한 인생의 모든 측면을 보여 준다. 나는 또한 루이 암스트롱(Louis Armstrong)과 마일즈 데이비스(Miles Davis) 그리고 존 콜트레인(John Coltrane)의 음악을 즐겨 듣는다. 이 사람들은 나의 재즈 영웅들이다. 더 나아가, 나는 스틸리 댄(Steely Dan)이나, 로스 로보스(Los Lobos, '라밤바'로 유명한 미국 록밴드) 또는 U2(아일랜드 출신의 록 밴드)와 같은 재능 있는 밴드의 음악을 즐겨 듣는다. 훌륭한 작곡가들과 다양한 형태의 음악을 감상하는 법을 배우는 것은 예배 인도자에게 유익하고 필요한 것이다.

둘째로 예술 박물관을 방문하고 관현악단 연주회에 참석하며, 좋은 책이나 시집을 읽고, 식물원을 음미하고, 밤하늘의 별들을 감상하며, 성당을 방문하고, 여러 건축 양식에 대해 메모해 보라. 당신 주변에 있는 아름다움을 감상하라.

셋째로 시간과 재정이 허락한다면, 유럽을 여행해 보라. 나는 운이 좋아서 영국과 스칸디나비아 반도 그리고 유럽 전역에서 목회를 할 수 있었다. 나는 체코 공화국에서 영어를 가르치고 복음을 전하기 위하여 찬양 팀을 세 번 인도한 바 있다. 프라하와 찰스 다리, 성곽 그리고 성 비터스 성당에 대하여 즐거운 추억이 많다. 유럽 여행은 당신이 예술의 아름다움을 감상하고 좋아하는 법을 배우는 데 도움을 줄 것이다.

■■ 아름다움을 감상하는 데 오감을 사용하기

아름다움을 감상할 수 있는 또 다른 방식은 질서의 세계에서 오감(청각, 시각, 촉각, 후각, 미각)을 모두 사용하는 것이다. 우리의 모든 감각은 주님의 선하심의 진가를 인정하고 하나님의 예배를 위하여 구원받아야 한다.

청각으로 예배드리기

우리는 현대 음악이든 전통 음악이든, 최상의 음악만을 감상하도록 우리 귀를 훈련시켜야 한다. 우리는 최상의 찬양 합창과 찬송가, 성가, 전주곡, 헌금 찬송 그리고 후주곡만의 연주 목록을 만드는 것을 목표로 해야 한다. 선율이 아름다운가? 화성이 아름다운가? 리듬이 노래를 보충하는가? 그 노래가 지속적인 음색이 있는가를 생각해 보아야 한다.

이것은 찬송이냐 합창이냐를 따지는 문제가 아니다. 어떤 찬송가들은 선율적으로나 화성학적으로 서투르게 작곡되었으며, 가사는 말할 필요도 없다. 우리는 찬송가나 찬양의 인기보다 그것이 주님께 영광을 돌리는지를 더 걱정해야 한다.

찬송가를 듣는 것과 같이 나는 어떠한 때는 경배와 찬양 음반 전체를 들은 다음에 그 음반에서 아마 한 곡을 선정할지도 모른다. 그럴 때 내가 던지는 질문은 내가 이 음악을 좋아하느냐가 아니라 이것이 훌륭한가 이다. 그 노래가 선율, 화성, 리듬, 가사 면에서 영속적인 질을 가지고 있는가? 어떤 사람들은 음악만 기준으로 좋은 곡을 선정한다. 물론 이것도 중요하다. 하지만 그것은 수많은 요소들 중에 일부에 불과하다.

버디 오웬스의 기준을 되풀이하겠다. 그것은 배우기 쉽고, 잊기 어려우며, 성경적인가? 이 지침은 회중 예배에 특히 도움이 된다. 또한 8

장에서 살펴볼 참여 요소를 고려해 볼 필요가 있다. 조지 프레드릭 헨델(George Frideric Handel)이 작곡한 "메시아"(Messiah)를 부르는 것은 모든 미학적인 기준에 당연히 부합된다. 그러나 대부분의 교인들이 부르기에는 실용적이지 못하다.

배우기 쉽고 영구적인 특성을 지니고 있는 몇몇 단순한 찬송가와 찬양으로 "나 같은 죄인 살리신"(Amazing Grace)과 "주의 이름 높이며"(Lord, I Lift Your Name on High)가 있기는 하다. 이 곡들의 선율은 부르기 쉽고 즐길 수 있으며, 화성이 선율을 보충하고, 리듬은 선율과 경쟁하는 대신에 그것을 지원하며, 가사는 성경적이고 신앙고백적이다.

성경봉독과 설교 그리고 광고에 대해서도 똑같은 평가가 이루어져야 한다. 우리는 청각에 아름다움을 선사해야 한다. 그러므로 우리는 만족할 수 없다. 완벽은 우리가 끊임없이 추구해야만 하는 것이다.

모든 목사는 발성법 연습으로 이득을 볼 수 있다. 우리 교회도 전문적인 설교문 작성 노하우에 초점을 둔 설교 강좌를 열었다. 그러나 어쩌면 우리가 노력해야 할 부분은 발성법과 화법, 어미변화, 음성 그리고 음질일지도 모른다. 당신의 예배 담당 목회자 또는 음악 담당 목회자가 자신의 목소리를 만들어 내는 데 수년을 투자했을 가능성이 높다. 담임목회자로서 목소리를 계발하는 데에도 관심을 가지려고 노력해 보라.

시각으로 예배드리기

사람들이 우리 교회당에 들어오면 무엇을 보는가? 예배당은 정리 정돈이 되어 있는가? 의자나 교회 좌석을 청소했는가? 설교 단상과 성찬대가 조화로운가? 설교 단상에 금이 갔는가? 피아노에 흠집이 있는가? 조명의 색상이 예배에 기여하는가? 벽지 색깔이 바닥 색깔을 보완하는가? 예배당이 지저분한가? 벽에 걸린 현수막의 상징이나 글씨를 읽을 수 있는가? 사람들이 파워포인트를 볼 수 있는가? 신선한 느낌을 주는 식물이나 또 다른 푸른 나무들이 있는가?

이러한 종류의 질문들은 예배 인도자에게 대단히 중요하다. 사람들이 예배를 드리러 올 때 눈에 거슬리는 것이 있으면 예배 체험이 피해를 입을 것이다. 의상 또한 영상 예술의 일부이다. 나는 성가대원들이 성가대복을 입었던 교회도 다녀 보았고, 입지 않았던 교회도 다녀 보았다. 이것은 현대적이냐 전통적이냐를 따지는 문제가 아니라, 질서의 문제이다. 당신의 교회가 좀 더 진보적이든 전통적이든지 간에, 당신과 반주자들이 단상 위에서 항상 깔끔해 보이도록 하라.

촉감으로 예배드리기

함께 예배를 드릴 때 촉감을 창조적으로 사용하는 방법이 많다. 한 가지 방법은 예배시간에 교인들이 손에 손을 잡고 함께 기도를 드리는 순서를 넣는 것이다. 촉감으로 예배를 드리는 또 다른 방법은 성도들끼리 서로 인사하는 시간이다. 사람들이 서로 악수를 하거나 상대방을 잘알면 포옹하며 인사를 나누게 하라. 인사 시간과 평안의 말을 서로 건네고, 예배를 드리는 사람들이 서로를 포옹할 수 있는 시간을 가짐으로써 당신은 촉감을 통한 감상을 제시할 것이다.

이러한 종류의 예배에 참여할 수 있는 또 다른 방법은 빠른 리듬으로 사람들이 박수를 치도록 하는 것이다. 이것은 찬양에 흥분을 일으키며, 교인들이 그들의 몸으로 예배를 드리는 데 참여시킨다.

촉감을 통하여 예배를 드리는 마지막 방법은 세례식이다. 세례를 받으면, 당신은 이전 본성이 그리스도와 함께 묻히고 새로운 본성을 받아들인다는 것을 선언하는 것이다. 나는 내 큰아들에게 세례식을 해 준 그날을 아직도 기억할 수 있다. 그것은 우리 둘에게 멋진 예배 체험이었다. 함께 물속에 있었기 때문인지 아들이 그리스도 안에서 그의 믿음을 표현했을 때 평소와는 다른 무언가 아주 강력한 느낌이 있었다. 사람들이 유아세례를 받거나, 좀 더 나이가 든 다음 또는 어른이 되어서 세례를 받든지 간에, 모든 세례식은 기쁨의 근원이다. 세례는 그리스도께서 우리를 위하여 해 주신 일을 기념하는 또 하나의 방식이다.

후각으로 예배에 참여하기

후각에 관해서는 정교회에서 많은 것을 배워야 한다. 그들은 향수와 향초를 사용하여 후각을 예배에 효과적으로 사용한다. 정교회가 아닌 곳은 이러한 동일한 효과를 방금 막 딴 꽃으로 만든 꽃꽂이나 향기로운 공기 청정제로 얻을 수 있다. 하지만 이러한 향에 알레르기가 있는 사람들에게도 세심한 주의를 기울여야 한다.

향초를 사용할 때는 지나치게 향이 진해서는 안 된다. 냄새가 너무 강렬하면, 당신은 예배보다 냄새에 더 신경을 쓰게 될 것이다. 우리 교회에서는 청소부가 청소를 할 때, 진공청소기에 향긋한 향을 넣어 둔다. 내가 사용하기 좋아하는 지침은 당신이 손님을 초대할 때 당신의 집에서 났으면 좋겠는 향기가 무엇인가이다. 당신의 교회에 손님들을 초청할 의향이 있다면 똑같은 질문을 자문해 보아야 한다.

성령강림절이나 성탄절에는 당신의 교회 안내석에 사과 포푸리 또는 향이 있는 사과즙을 사용하라. 이것은 성탄절에 아주 훌륭한 향을 제공할 것이다. 기독교 절기에 어울리는 향을 일치시킬 수 있는 방법을 생각해 보라.

미각으로 예배에 참여하기

미각적 예배 체험에 관해서는 성찬 예배가 가장 적합하다. 나는 설교를 잊어버린 적은 많이 있어도 성찬식에 참여한 것은 항상 기억했다. 주님의 성찬식을 특별하게 만들 수 있는 창조적인 방식은 많다. 예를 들어 내가 최근에 인도했던 성찬식 예배에서, 우리는 예배시간 전에 빵을 구웠다. 갓 구운 빵의 맛과 냄새는 그 예배를 특별하게 해 주었다.

나는 진심으로 우리 복음주의 교회가 성찬식의 중요성을 과소평가하고 있다고 믿는다. 그러나 이것은 주님과 그분의 죽음을 기념하고 그 경험에 미각을 참여시키는 훌륭한 방법이다.

💡 단원 요약

예배시간에 오감으로 참여시키는 데는 여러 방식이 있다. 그러나 우리는 좋은 판단력을 탐구하고 부적절한 것을 하지 않아야 한다. 우리가 가진 모든 것으로 주님을 예배하는 법을 배울 필요가 있다. 아름다움의 진가를 인정하는 것은 훌륭한 일이다. 그것이 음악을 작곡하는 것이든, 설교를 준비하는 것이든, 예배당에 색조를 배열하는 것이든지 아름다움은 질서와 연관되어 있다. 아름다움을 감사함으로 주님께 영광을 돌리자.

다음에 무언가 아름다운 것을 보면, 질서의 영역을 분석해 보라. 예술 작품에 대하여 무엇이 질서 정연하며, 왜 그것이 아름다워 보이는지를 비교해 보라. 당신이 다음에 예배 음반을 구입할 때 이 실험을 적용해 보라.

예배 인도자로서 우리는 평범한 예술에서 훌륭한 작품을 분간해 낼 필요가 있다. 우리는 우리 교회를 훌륭한 예술에 노출시켜야 한다. 우리는 훌륭하고 예배에 적절한 예술이라면, 그것을 교회에 소개하고 활용해야 한다. 하나님은 우리가 만든 최상의 것을 받으시기에 합당하시다!

예술가는 아름다움의 진가를 인정할 수 있는 능력이 있어야 한다고 5장에서 제안하였다. 이러한 것은 예술가에게 시발점이 된다. 만약 예술가가 훌륭한 예술을 구성하는 것이 무엇인지 명확하게 말할 수 없다면, 예술을 창조하기가 어려울 것이다.

이번 장에서는 예술 창작의 세 가지 철학적인 접근인 형식주의(formalism)와 표현주의(expressionism) 그리고 관련주의(referentialism)를 살펴볼 것이다. 형식주의적인 시각은 예술의 기교적인 측면이 강조되어야 한다고 주장한다. 표현주의적인 시각은 예술의 감정적인 측면이 강조되어야 한다고 말한다. 관련주의적인 시각은 모든 예술은 예술 자체보다는 그것과 관련된 가치가 있으며 바로 그것이 더 중요하다고 진술한다. 예술을 창작하는 것에 대한 이러한 접근들은 제각기 동등하게 중요하다. 그래서 이러한 것들은 상호 보완적이다. 나는 특히 이 세 가지 철학적인 접근이 음악에 어떻게 적용되는지 논하고자 한다.

■■ 형식주의

형식주의는 건물의 초석과 같다. 건물에 초석이 없다면 나머지 구조를 짓는 것은 불가능하다. 우리는 모두 음을 틀리게 연주했던 적이 있을 것이다. 이러한 형식주의적인 문제(intonation) 때문에, 우리의 예배 체험은 그리스도로부터 조율 문제로 쏠린다. 베넷 라이머(Bennet Reimer)는 이런 말을 했다. "정보의 축적이나 기교 계발에 주안점을 둔, '훈련'으로서의 예술 공부는 형식주의적인 냄새가 풍긴다."[1] 예술가에게 있어서 기본적인 기교 개발은 필수적이다. 음악가는 음표와 음계, 화음 그리고 박자를 숙달해야 된다. 설교자는 문장 구성과 논리 그리고 메시지 전달에 신경 써야 한다. 여기서 핵심 단어는 '기교'(skill)이다. 형식주의자는 기교 습득에 관심을 가지고 있다.

기교의 중요성

기교 개발은 우리를 예술가로서 표현할 수 있게 할 것이다. 음악가가 자기 악기를 연주할 수 없는 것은 표현에 있어서 해가 될 것이다. 자신을 위대한 전달자로 만들어 주는 것이 자신의 인격이라고 믿는 목회자들도 마찬가지이다. 설교자는 성경해석의 기술, 논리, 전달 기술을 배워야 한다.

학습된 기술마다, 하나님께서 기술이 작동하도록 창조해 오신 것에는 확실한 법칙들이 있다. 만약 당신이 작가가 되려면, 당신은 단어를 조합하는 방법을 배워야 한다. 당신이 음악가가 되려면, 음표와 음계를 작업하는 방법을 배워야 한다. 당신이 전달자가 되려면, 의사소통의 법칙들을 배워야 한다. 기본을 배우는 것에 관해서는 지름길이 없다. 형식주의자들은 이 기본적인 기교들의 발달과 관계가 있다. 따라서 완전한 예배 인도자가 되기 위해서 당신은 형식주의자가 되어야 한다.

세부 사항의 중요성

형식주의자에게 세부 사항은 중요하다. 예를 들어, 성가대 지휘자에게는 다른 테너들이 모두 정확한 음을 부르고 있어도 한 사람의 테너가 틀린 음을 부르는 것이 용납되지 않는다. 알렌(Ronald Allen)과 보러(Gordon Borror)는 세부적인 것의 중요성에 관한 실례를 보여 준다.

> 이 이야기는 미국의 가장 웅장한 예배당의 세부 작업에 그의 생을 바치기 위하여 유럽에서 건너온 어느 장인에 대한 이야기이다. 어느 날 건축물을 구경하고 있던 관광객이 바닥에서 거의 보이지 않는 높은 천정 근처의 어떤 상징에 매우 세심하게 일하는 장인의 모습을

보았다. 더군다나 장인은 관찰력이 가장 뛰어난 성도의 시야 밖에 있는 천정 꼭대기의 세부 장식에 사로잡혀 있었다. 관광객은 이렇게 물었다. "아무도 당신이 창조하는 세부 묘사를 볼 수 없는데, 왜 그렇게 정확하게 그리려고 합니까?" 분주한 예술가는 한 획도 놓치지 않으며 이렇게 대답하였다. "그러나 하나님은 보실 수 있지요!"[2]

형식주의자가 결코 용납할 수 없는 것은 엉성함이다. 예술가는 형식주의적인 사항에 대해서는 최고의 완벽주의자이다. 하나님은 우리가 드리는 최상의 것을 받기에 합당하시다. 또 다시 엘렌과 보러의 말이 이것을 설명하는 데 도움이 된다.

"우리는 하나님께 아무런 가치가 없는 것을 드려서는 안 된다. 왜 그분에게 우리의 쓰레기 피아노와 낡아 빠진 옷, 초라한 건물, 준비가 제대로 되지 않은 음악, 반 정도밖에 준비 안 된 설교, 마지막 순간에 준비한 주일학교 수업을 드려야 하는가?"[3]

하나님께 최상의 것을 드리기 원하는 예배 인도자는 하나님의 백성들을 하나님 앞에서 강력한 체험으로 인도하는 사람일 것이다.

대부분의 예배 인도자들이 음악가이므로, 나는 이 장의 나머지 부분에서 음악적인 사례들과 제안을 제시할 것이다. 만일 당신이 음악가가 아니라면, 이러한 사례들을 읽어보고 당신의 특정 예술 분야에 어떤 부분이 적용되는지 자문해 보라.

형식주의에서의 음악적 관심사

다음의 고려 대상은 형식주의적이다. 그것은 정확한 음정과 정확한 리듬, 인토네이션(intonation), 화성(harmony), 선율(melody), 노래 시작(entrance)과 끊어짐(cutoffs), 화법(diction), 발음법(articulation), 조표(key signature)와 박자기호(time signature) 그리고 혼화(blends)이다. 우리가 이 사항들을 각각 살펴보면서 예행연습과 공연을 위한 제안을 제시하겠다.

정확한 음정

음의 고저(pitch)는 초당 진동 횟수로 결정된다. 이것을 주파수(frequency)라고도 한다. 반면에 음정(interval)은 한 음과 다른 음 간의 관계와 연관되어 있다. 우리가 "저 사람은 틀린 음을 부르거나 연주하고 있다."라고 할 때, 우리는 한 음의 높이와 또 다른 음의 높이 간의 관계가 옳지 않다는 것을 뜻한다. 어쩌면 그 음악가는 올바른 조표(key signature, 악곡의 조를 나타내는 표—역주)로 연주하고 있지 않을지도 모른다. 바로 이 시점에서 우리는 그 사람으로 하여금 '틀린' 음을 연주하거나 부르게 하는 것이 무엇인지 그 원인을 파악해야 한다.

음정을 연습하기 위해서는 모든 조표와 그 조표들 내에 포함되어 있는 음을 배우는 것이 유익하다. 예를 들어서, 파(F)의 조표는 내림표가 한 개(내림 나음, b flat) 있다. 그러므로 파의 조표의 음은 파, 솔, 라, 내림 나, 도, 레, 미, 파이다. 두 번째로 제안하는 것은 임시 음표(accidental,

당신이 연주하고 있는 조표에 없는 음표)를 찾아보고 그것들이 화성(harmony)에 어울리는지, 아니면 그것들이 단지 일시적인 음표에 불과한지를 파악하는 것이다.

성악가. 당신이 성악가라면, ① 음정에 초점을 맞추기 위하여 가사를 제쳐 두고, 라(LA) 음을 불러라. 그렇게 함으로서, 당신은 정확한 단어를 발음하는 추가적인 짐을 더는 것이다. ② 정확한 음정으로 부르도록 피아노와 함께 연습하라. ③ 당신의 귀가 음정을 들을 수 있는 시간을 주면서 틀리는 부분을 천천히 연습하라. ④ 자신의 목소리를 녹음기로 녹음해 보라. 통상적으로 당신의 머릿속으로 듣는 것과 청중이 듣는 것은 다르다.

악기 연주자들과 함께 공연하는 성악가. 만약 당신이 악기 연주자들과 함께 공연하는 성악가와 일한다면 둘 중에 하나를 분리시켜라. 모두가 동시에 연주하거나 노래를 부를 때 정확한 음을 맞추기란 불가능하다. 나는 이것이 문제가 되었던 경우를 수차례 보아 왔다. 어느 시점에선가, 당신은 예행연습이 어떠한 모습을 띨 것인지 결정해야 된다.

악기 연주자. 모든 일에 대하여 한꺼번에 지나치게 신경 쓰지 마라. 당신이 연습해야 할 필요가 있는 부분에만 신경 써라. 이 시점에서는 강약법(dynamics)이나 그 외 비형식적인 관심사에 대하여 걱정할 필요가 없다. 정확한 음만 잡아라. 그리고 성악가를 위한 두 번째부터 네 번째까지의 원리를 적용하라.

정확한 리듬

리듬은 시간과 공간 안에 있는 소리이다. '정확하지 않은' 리듬은 무엇보다도 아마추어 음악가를 가장 빨리 잡아낸다. 나는 젊은 트럼펫 연주가였던 시절에 아주 성급한 음악가였다. 나는 훌륭한 트럼펫 연주가가 되기 위한 비결이 높은 음으로, 빠르게 그리고 큰 소리로 연주하는 것이라고 생각했다. 문제는 내가 정확하지 않은 리듬에 맞추어서 연주했다는 점이다. 나는 속도를 늦출 줄 몰랐기 때문이다. 이것은 마치 스키 선수가 가능한 한 가장 빠른 속도로 산을 내려오고 싶어 하지만, 도중에 나무나 다른 스키어와 충돌하는 것과 같다.

정확한 리듬을 노래하거나, 연주할 수 있는 시간적 여유를 가져라. 매번 무언가 정확하게 연습하는 버릇을 키우지 못하면, 그 습관을 고치는 것이 더욱 어려워질 것이다. 다음 제안들은 이러한 영역에서 자신을 개선시키는 데 도움을 줄 것이다.

당신이 성악가라면, 가사를 박자에 맞추어서 불러라. 정확한 음을 부르는 데 신경 쓰지 말고 정확한 리듬에 집중하라. 나는 여러 성가대들과 이러한 연습을 수도 없이 많이 해보았다. 음악을 제쳐 두고 가사만 부르면 어려운 부분이 금방 해결된다.

당신이 성악가이거나 악기 연주가라면, 정확한 리듬으로 박수를 치거나 연주하라. 박자가 지나치게 빠를 때 부정확한 리듬이 생긴다. 속도를 늦추고, 정확한 리듬으로 박자를 맞추어라.

세분화하는 법을 배워라. 세분화하는 것은 배분의 문제이다. 이것은 노래의 속도와 노래에서 사용되는 주요 단위에 따라 좌우된다. 만약 내가 "나 같은 죄인 살리신"(찬송가 305장)을 부른다면, 8분음표로 세분화할 것이다. 이 음표는 이 찬송가에서 사용되는 최소 단위이다. 각 악절 말미에 점이 찍힌 2분음표에 연결된 2분음표를 제외하면, 가장 큰 단위는 2분음표이다. 만약 내가 4분음표(3/4박자에서의 주요 단위)만 생각하고 있다면, 노래의 속도는 변동이 심할 것이다. 세분화에 대해 좀 더 자세히 알고 싶다면 부록 1을 참조하라.

메트로놈(metronome)을 가지고 연습하라. 음향 시스템에 꽂을 수 있는 Dr. Beat와 같은 전자 메트로놈을 사용하라. 이렇게 하면 속도가 빨라지거나 느려지는 부분을 파악하는 데 도움이 된다. Dr. Beat와 같은 메트로놈의 또 하나의 이점은 세분화가 가능하다는 점이다. 예를 들어서, 8분음표를 강조하고 싶다고 그 메트로놈에 입력하라. 그러면 이 세분화가 음향 시스템을 통하여 들릴 것이다.

인토네이션(Intonation)

인토네이션은 형식주의자에게 필수적이며, 의도된 피치(음의 높이)에 맞추어서 노래를 부르거나 연주하는 것이라고 정의될 수 있다. 인토네이션은 듣기와 기술적 설비 그리고 연주할 만한 악기로부터 얻을 수 있다. 음악가가 아닌 사람들이 이 부분을 가장 빨리 잡아낼 수 있다. 당신의 연주가 음정에 맞지 않으면 그들은 금방 알아차릴 수 있다. 다음에 제시된 것은 인토네이션을 개선시키는 데 도움이 될 만한 제안이다.

다양한 청각 훈련으로 당신의 청각을 개발하는 데 시간을 투자하라. 음정 연상(interval association)을 통하여 이렇게 할 수 있다. 가 3도 상행 음정(A tritone upward)은 영화 "웨스트사이드 스토리"(West Side Story)의 삽입곡인 "Maria"처럼 들리며, 가 단조 2도 음정(A minor 2nd upward)은 영화 "죠스"의 주제곡처럼 들린다. 가 완전 4도 음정(A perfect 4th upward)은 "결혼행진곡"처럼 들리며, 가 완전 5도 상행 음정(A perfect 5th upward)은 "반짝 반짝 작은 별"처럼 들린다. 장 6도 상행 음정(A major 6th upward)은 "뉴스 주제곡"처럼 들리며, 가 단 3도 상행 음정(A minor 3rd upward)은 "그린슬리브스"(Greensleeves)처럼 들린다. 가 장 2도 상행 음정(A major 2nd upward)은 "생일 축하합니다"처럼 들린다. 가 단 3도 하행 음정(A minor 3rd downward)은 마치 비틀즈의 "Hey Jude"처럼 들린다. 각 음정을 듣는 데 시간을 투자하고 그 음정에 맞는 노래를 연상시켜라. 이렇게 하면 당신의 인토네이션이 향상될 것이다.

문제에 대하여 천천히 그리고 반복적으로 연습하라. 다음 사항들은 서투른 음성 인토네이션에 원인을 제공할 것이다. 횡격막에 무리를 주는 부적절한 호흡법, 지나치게 노래를 많이 부르는 것, 잘못된 혀 위치(모든 모음을 발음할 때, 혀를 아랫니 뒤에 위치시켜야 한다), 흉성에서 두성으로의 변화(passagio) 등이다. 또다시 피아노나 테이프녹음기를 가지고 연습하

라. 틀리는 부분을 모음만 사용하면서 불러 보라. 그런 다음에 자음을 덧붙여라.

당신이 악기 연주자라면, 모든 요소를 제외하고 무엇이 잘못되었는지를 파악하라. 생리적인 문제(금관악기나 목관악기를 적절하게 연주하지 않은 것)이거나, 기계 상의 문제(A440으로 조율된 피아노로 당신의 악기를 조율하지 않은 것)이거나, 서투른 전달(연주를 천천히 하지 않은 것)이 문제일 수도 있다. 피아노나 조율기 또는 녹음기를 가지고 작업하라.

정확한 화성과 선율

화성과 선율 사이의 차이점은 무엇인가? 화성(Harmony)은 음악 작품의 화음 또는 상하 구조이며, 선율(melody)은 수평적 구조이다. 작곡가가 선율이 노래를 보충하는 음악을 작곡하면 이것은 협화음(consonance)이라 부른다. 화음과 선율이 충돌하도록 작곡하면 그것은 불협화음(dissonance)이다. 불협화음은 고의적이라는 것이 핵심이다. 우연한 불협화음은 당신이 아마 무엇인가를 잘못 연주하고 있다는 의미일 것이다. 그렇다면 당신은 무엇이 잘못되었는지를 파악해야 한다. 다음 제안이 당신의 불필요한 고뇌를 덜어 주는 데 도움을 줄 것이다.

항상 피아노 반주자와 함께 일하며, 화성과 선율을 대조하며 점검해 보라. 발성뿐만 아니라 고의적인 화성 변환(chordal change)을 알아 두라. 작곡가는 화음에 일부러 빠뜨린 요소를 선율이 보충하도록 할 의도가 있었는지도 모른다. 밴드와 함께 일할 때, 모두가 똑같은 변화를 주도록 하라. 이러한 세부 사항을 점검할 시간을 가져라. 이렇게 하면 녹음실 안에서나 예행연습에서 낭비되는 시간을 없앨 수 있다.

지휘자처럼 생각하라. 자신이 맡은 부분만이 아니라 곡 전체를 알도록 하라. 당신이 전체에 어떻게 들어맞는지를 알아 두라. 만약 당신이 성악가인데 테너 파트를 부른다면, 알토와 베이스 파트도 알아 두라. 이렇게 하면 누군가가 아파서 빠졌을 때 그 사람의 파트를 채우는 데 도움이 된다. 모두가 선율을 알아야 한다. 회중 찬양을 이끄는데, 선율 파트 인원을 화성 파트보다 항상 2배로 늘리는 것이 실제적인 방법(rule of thumb)이다. 이렇게 하면 선율이 보완되고 청중들이 찬양에 귀 기울이는 데 도움을 주므로 그들이 자신감 있게 따라 부를 수 있다.

노래 시작(Entrance)과 끊김(cutoff)

노래 시작과 끊김에 대한 의견 불일치가 있을 때 성악가와 악기 연주자들의 연주는 엉성하게 들린다. 대시(-)의 체계를 만들어라. 그런 후에 모든 음악가들이 그들의 악보에 똑같은 기호로 표시하도록 하라.

이 체계로 당신이 곡을 짧게 끊고 싶은 곳이나 박자에 대시로 표시하라. 예를 들어서, -3은 그 음을 3번째 박자에서 끊는다는 것을 의미한다. 그리고 -1은 그 음표를 다음절의 시작까지 가지고 간 다음에 끊는 것을 뜻한다. 다시 말하지만, 사람들이 이것을 직관적으로 알 것이라고 추측하지 마라. 이것은 함께해야 한다! 일반적으로 어설픈 끊김은 어설픈 시작에 기여한다. 한 절을 너무 일찍 끊거나 너무 늦게 끊는 것은 당신이 다음절을 정확하게 시작하지 않을 것이라는 것을 의미한다.

화법과 발음법

화법과 발음법에서 핵심 단어는 명료함이다. 만일 당신이 찬양을 부르는데, 그 노래의 메시지가 중요하다면 청중이 가사를 이해하도록 도와주라. 당신은 발음에 신경을 써야 한다. 더 많은 성악가들을 추가하는 만큼 이 문제는 빈번히 일어날 것이다. 나는 항상 나의 성가대원들에게 단어를 씹으라고 한다. 나는 그들의 입이 움직이는 것을 보고 싶다. 성악가들은 흔히 의사를 전달하는 데 실패한다. 왜냐하면 그들이 필요한 발음법을 습득하지 않기 때문이다.

명료한 발음을 위하여 자음을 폭발시켜라. 자음은 다섯 가지 방식으로 형성된다.

① 입술로 내는 소리: ㅂ, ㅁ, ㅍ 등
② 혀와 이로 내는 소리: ㄷ, ㅈ, ㅌ 등
③ 혀로 내는 소리: ㄹ 등
④ 이로 내는 소리: ㅊ, ㅅ
⑤ 목구멍으로 내는 소리: ㅆ, ㅋ 등

입의 어느 부위가 자음을 만들어 내는지 파악했다면, 그 자음을 지나치다고 생각할 정도로 강조하라. 발음법 연습을 위하여 부록에 있는 '명확한 발음을 위한 어려운 말 빨리하기 놀이'(Tongue Twister)를 참고하라.

악기 연주가들에게는 발음법이 이음줄 또는 어택(한 개의 음표 또는 악구를 명쾌하고 민활하게 시작하는 것—역주)에 해당된다. 어택을 연주하는 데 있어서 연주자가 음표의 시작에서 어택하는 것이 핵심이다. 금관악기 연주자들은 좀 더 강한 어택을 할 필요가 있다. UNC에서 나의 트럼펫 은사였던 빌 푼드(Bill Pfund)는 좀 더 혀를 넣어서 음을 연주하는 것을 제안하였다. 좀 더 혀를 넣어서 그 음을 강하게 치듯이 연주하니까 더 명확하게 들렸다. 자신의 연주를 녹음하라. 당신이 스스로 부르거나 연주하는 것을 이해할 수 없다면 아마 청중도 이해하지 못할 것이다.

필립 파커스(Philip Farkas)가 집필한 『음악성이라는 예술』(*The Art of Musicianship*)은 음악에서 발음 표시의 중요성을 강조한다.

> 작곡가가 직접 삽입한 이러한 발음 표시를 연주자가 눈여겨보지 않는 것은 용납될 수 없는 실수라고 본다. 그런데 작곡가의 분명히 명시한 발음 표시에 대한 이러한 실수 또는 더 심각하게 표현하자면, 경시는 너무나 흔해서 나는 그것을 음대생들이 저지르는 가장 지독한 실수 중의 하나라고 여긴다. 또한 더욱 안타까운 것은 이들의 모범이 되어야 하는 수많은 전문 음악가들도 이러한 실수를 저지른다는 것이다. 우리는 반드시 작곡가와 그의 의도를 존중해야만 한다. 그렇지 않으려면 적어도 그의 음악을 아예 연주하지 않는 공손함을 보여 주어야 한다.[4]

올바른 조표와 박자기호

악보를 즉석에서 보고 연주할 때 당신이 그 곡의 조표와 박자기호를 아는 것은 대단히 중요하다. 먼저 조표를 확인하고, 당신이 연주하려는 조표 내에 있는 음조의 변화(modulation)나 임시 음표가 있는지 살펴보라. 그런 다음에 박자기호를 확인하고 박자 변화나 복합박자가 있는지 파악해 보라.

블렌딩 (Blend, 혼화)

형식주의자의 다음 관심 분야는 블렌딩이다. 음악에서 블렌딩에 관하여 얘기할 때, 우리는 어떤 소리가 함께 섞이면 좋은 소리를 내는지 묻는 것이다. 그룹의 블렌딩을 파괴하는 한 가지 요인은 개성이다. 모두가 독주가나 독창자처럼 연주하거나 노래를 부르고 싶어 한다면 문제가 생길 것이다. 우리가 '공동체로서' 노래를 부르거나 연주를 한다면, 원하는 소리를 달성할 것이다. 그러므로 블렌딩은 우리의 태도로부터 시작된다. 우리 주변에 일어나는 일에 귀를 기울인 다음에 우리가 그 소리에 어떻게 조화되는지를 알아야 한다. 몇 가지 제안을 다음과 같이 제시하겠다.

'보컬 블렌딩'(Vocal Blend). 보컬 블렌딩을 개발하는 데 밟을 단계는 다음과 같다. 가장 먼저, 너무 큰 소리로 노래를 부르는가? 둘째, 자음을 맞추는가? 셋째, 서로 다른 비브라토를 가지고 노래를 부르는가? 넷째,

동일한 음 배치(tone placement)를 가지려고 애쓰는가? 한 사람은 목구멍 뒤쪽에서 노래를 부르고, 또 다른 사람은 입천장으로 부르는가? 다섯째, 발성법을 바꾸어야 하는가? 이 모든 것은 블렌딩할 때 고려해 보아야 할 사항이다. 여섯째, 마이크를 똑같은 방식으로 쥐고 있는가? 일곱째, 음향 기기판의 믹싱 상태는 어떠한가? 한 채널이 중간 음역을 많이 가지고 있는데, 또 다른 채널은 지나치게 많은 베이스음을 가지고 있는가? 음성 채널은 음성의 특수화를 위해서만 약간 조절되도록 동일하게 믹스되어 있는가? 블렌딩은 음향 기술자가 아닌 성악가로부터 나와야 한다. 음향 시스템은 무대에서 생성되는 소리만 증폭해야 한다. 여덟째, 모니터 수준은 어떠한가? 최상의 모니터 시스템은 가장 간단한 것이다(복잡하지 않은 것). 만일 모든 악기가 당신의 시스템을 통하여 출력된다면 더 많은 정보를 처리해야 할 것이다. 반면에 음의 고저를 참고하기 위해 A440에 조율된 피아노만 사용한다면 한결 더 나을 것이다. 성가대의 모든 단원들의 목소리가 모니터 시스템을 통하여 나올 필요는 없다. 내가 콘티넨털 싱어즈를 감독하고 있었을 때 우리는 단지 피아노 한 개와 감독의 마이크 그리고 독창자의 마이크만 보컬 모니터에 꽂았다. 성악가들은 느낌으로 부르는 법을 배워야 한다.

'**악기 블렌딩**'(Instrumental blend). 당신 주변에 무슨 일이 일어나는지에 귀를 기울이는 것이 비결이다. 당신이 그룹의 일원이라는 것을 잊을 정도로 자신이 맡은 악곡 파트에만 지나치게 몰두하지 마라. 당신이 어떠한 역할을 맡고 있는지 기억하라. 드러머와 베이스 연주자는 자신이 리듬의 기반이라는 것을 기억해야 할 필요가 있다. 베이스 연주자는 드러머의 베이스드럼이 내는 소리에 귀를 기울일 것이고 드러머도 마찬가지로 베이스 연주자가 무엇을 연주하는지 유심히 들을 것이다. 당신이 이중주에서 피아노 연주자라면, 당신의 주요 기능은 특성상 화성학적(harmonics)일 것이다. 다양한 발성법과 그것들을 적절하게 사용하는 법을 아는 것이 절대적으로 필요하다. 당신이 금관이나 목관악기 연주자라면, 당신은 삽입(fills), 색채(color, 선율 악구의 반복이나 그 모방, 혹은 다른 악곡에서 선율을 빌려 오는 것-역주) 또는 독주(solos)를 위하여 있을 것이다. 역할을 분명히 하는 것은 항상 중요하다. 만약 당신이 야구팀에 있다면, 한 번에 한 사람씩만 타자가 될 수 있다. 당신에게 두 명의 투수와 세 명의 타자 그리고 동시에 포수가 없다면 그것은 야구가 아니라, 혼돈일 것이다. 누가 리듬과 화성 그리고 선율의 역할을 분담할지 시간을 들여 논의하라. 어느 부분을 맡을지 솔직하게 논의함으로써 당신의 소리가 훨씬 더 나은 블렌딩을 이룰 것이다.

형식주의 요약

어떠한 분야를 선택하든 항상 기본으로 돌아가야 한다. 형식주의적인 고려 사항들은 예술의 기본이며, 이러한 영역에서 완벽을 달성하기 위하여 힘써야 한다. 다시 강조하지만 이것이 바로 기초이다. 우리가 이러한 부분들에 노력을 기울이지 않는다면, 다음 두 가지 범주에서 성공할지 의심스럽다. 이 범주들은 앞서 언급한 형식주의적인 고려 사항들에 달려 있다. 우리는 기술적으로 미묘한 점이 자동으로 이루어질 정도로 음악의 기교적인 측면을 수도 없이 예행연습을 해야 한다. 이렇게 한다면, 우리는 자유롭게 음악의 감정적인 측면으로 넘어갈 수 있다.

■■■ 표현주의

　형식주의적인 관점이 기초라면, 표현주의적인 관점은 페인트이며, 손질 그리고 장식이다. 바로 이러한 것들이 음악에 아름다움을 선사한다. 화가는 그림을 그릴 수 있는 캔버스가 있어야 하며, **또한** 캔버스에 그릴 수 있는 물감이 있어야 한다. 이것이 바로 음악의 감정적인 측면이다. "표현주의자들은 그 경험이 지식적인 것이라는 데 형식주의자들과 동의하지 않는다. 표현주의자들이 맡은 입장은 예술이라는 체험을 감정과 연결하는 것이다."[5] 형식주의적인 관점의 관심사는 본질적으로 기교적인 데 반하여, 표현주의자들은 음악을 감정적으로 만드는 것에 초점을 맞춘다.

표현주의적 음악 영역

표현주의자는 강약법과 구절법, 해석, 신체 언어, 정확한 박자 그리고 나타냄표를 중시한다. 이 영역들은 각각 감정을 만들어 낸다.

강약법(Dynamics)

표현주의자에게 강약법은 중요하다. 강약법은 음량의 다양한 정도를 고려한다. 문제는 우리가 감정을 불러일으키기 위하여 큰 소리와 작은 소리를 어떻게 대비하느냐에 있다. 음악은 긴장과 이완이다. 우리는 영화를 보고 있을 때 음악이 내는 소리로 인하여 무슨 일이 일어날 것인지를 예측할 수 있다. 우리가 강약법에 세심한 주의를 기울인다면 감정을 불러일으키는 법을 배울 수 있다. 다음은 이렇게 하기 위하여 지켜야 할 몇 가지 지침이다.

현대 찬양 음악에서, 후렴구와 절이 어디 있는지를 알아 두라. 후렴구는 점점 세게 부르고, 절로 들어갈 때는 점점 여리게 불러라. 후렴구는 노래가 전달하고자 하는 메시지이다. 절은 메시지에 대해서 알려 주기는 하나 메시지 그 자체는 아니다. 흔히 절이 의문을 제기하고 후렴구가 해답을 제시하기도 한다. 절은 우리에게 딜레마를 주고 후렴구는 해결책을 제시한다. 당신은 작곡가의 의도를 이해해야 한다. 그의 메시지를 알고 그것을 강력하게 전달하라.

조표의 변환을 알아 두라. 조표 변환은 중복을 없애고, 이전 섹션에 강력한 활력을 추가해 준다. 동일한 음량으로 노래를 부름으로써 이 목적을 헛되게 하지 마라. 조표 변환을 할 때 점점 세게 들어가라. 예외적인 경우는 작곡가가 표기하였을 것이다.

노래의 시작과 끝을 알라. 강하게 시작해서 강하게 끝내라. 만약 당신이 조용한 곡을 연주한다면, 대담하게 시작하고 끝냄으로 노래의 감정을 일으켜라. 조용한 강약 수준에서 연주를 할 때, 동일한 힘을 일으키기 위하여 화법과 발음법에 두 배 이상의 에너지를 쏟아부어라.

악기 연주자들이 킥(kicks)과 펀치(punches)를 강조하도록 하라. 이것들을 표출하라. 이것들은 노래가 불리지 않는 부분에 여백을 채우기 위하여 작곡된 것이다. 만약 당신이 백업 보컬이라면, 노래의 메시지가 의사전달에 가장 중요한 요소이다. 독창자를 지원하고 그와 경쟁하려 들지 마라. 경쟁은 음악 기술과 인격의 부족함을 드러낸다. 노래를 부르지 않을 때 당신의 파트를 드러내라. 도입부와 결말 그리고 펀치들을 표출하라.

모든 사람들이 필요한 강약법을 한 곳에 충당하는지 점검해 보라. 연필을 사용하라. 강약법은 상대적이다. 필립 파커스가 한 몇 가지 조언에 귀를 기울여 보라.

강약법은 단 한 가지의 정확한 음량에 한정되어 있지 않다. 각 강약을 밧줄이 아닌 보도로 연상해 보라. 이 보도는 폭이 그다지 넓지는 않지만, 강약이 한쪽에서 반대쪽으로 왔다 갔다 할 정도는 된다. 다시 말하자면, 각 강약 수준은 그 자체 내에 어느 정도의 오르내림이 있다. 그것은 좁은 선에 한정되어 있지 않다. 음악가들은 이러한 오르내림을 느끼며, 신중하게 쓴다. 그것은 다음 강약 수준으로 어느 방향으로든 중복되어서는 안 되지만, 그 자체 내에서 오르내릴 수는 있다. 피아노(piano, 약하게), 메조포르테(mezzoforte, 조금 세게) 그리고 포르테(forte, 세게)는 서로에게 상대적이며, 어떠한 정확한 값이 없다. 포병은 자신의 포의 소리가 포르티시모(fortissimo, 아주 세게) 정도의 수준이라고 추측한다. 이것은 그가 핵폭발의 굉음을 듣기 전까지 이야기이다. 그가 핵폭발의 굉음을 듣게 된다면, 자신이 가진 포의 소리가 상대적으로 피아니시모(pianissimo, 매우 약하게) 정도의 수준밖에 안 된다는 것을 인정할 수밖에 없을 것이다.[6]

융통성을 가지고, 조절하는 법을 알라. 다음과 같은 사항이 강약을 판가름할 것이다. 그것들은 악절의 중요성, 요구되는 음색, 앙상블(그룹 연주로써 성악에서는 오페라 오라토리오 중창—역주)의 크기, 강당의 규모 그리고 그룹 내에서 당신이 맡은 역할이다. 당신의 강약 범위를 1에서 10까지 매겨라. 모든 것을 10(forte, 세게)으로 연습한 다음에, 8로, 그런 다음에 6 그리고 4 그리고 나서 2(piano, 약하게) 수준으로 연습해 보라.

점점 여리게(decrescendo)에서는 음의 소리를 천천히 없애라. 음표를 분명히 발음하고 음을 확립한 다음에 점점 여리게 연주하라. 양극단까지 당신의 강약 범위를 확대하라. 90%의 시간에는 적당한 소리를 사용하고 강약 범위의 양극단은 그것들이 가장 효과적인 순간을 위하여 비축해 두라. 그러나 그것들을 언제든지 사용할 수 있도록 준비해 두라. 마지막으로 독주를 할 때는 약간 '더 크게' 연주하고 반주를 할 때는 약간 '더 작게' 연주하라.[7]

구절법(Phrasing, 선율을 악상에 따라 적당하게 구분하기)

표현주의자에게 중요한 다음 영역은 구절법이다. 『하버드 음악 사전』은 "구절이란 선율선의 구분이며, 산문에서 절이나 문장과 어느 정도 비교가 될 수 있다."[8]고 정의를 내리고 있다. 당신이 어떻게 구절의 형태를 이루느냐가 선율선의 에너지와 방향을 결정짓는다. 당신이 구절법에 대하여 생각하고 있지 않다면 지루함만을 전달할 것이다. 강약법과 마찬가지로 핵심은 긴장과 이완에 있다. 구절은 시성(시작하는 음)과 절정 또는 최고음(pivot point) 그리고 종성(음의 마침)이 있어야 한다. 때로는 절정이 종성(음의 마침)인 경우도 있다. 절정과 최고음이 어디에 있는지를 아는 것은 당신의 책임이다. 구절에 형태를 주라. 필립 파커스는 이렇게 주장한다. "켄시스 시티 교향악단의 지휘자이며 생각을 분명하게 표현할 수 있었던 칼 크루거(Karl Krueger)는 음악적인 구절이 살아 있다고 말하기를 좋아하였다.…그리고 만약 그것이 살아 있다면, 그것은 살아 숨 쉰다.…이 숨쉬기 비유의 중요한 점은 공기를 흡입할 때 쌓이는 긴박감과 공기를 배출할 때의 점진적인 이완의 느낌이었다."[9] 다음 제안들은 당신이 구절들을 살아나게 하는 데 도움을 줄 것이다.

호흡 조절로 구절을 만들어 내라. 구절은 당신의 숨이 끝나는 데서 끝날 필요가 있다. 필요한 구절의 시간을 재고 그것이 확실한 결말을 맺도록 하라. 구절의 끝 부분에서 자신을 지치게 만들지 마라. 구절에 방향을 주는 것은 강약법에 직접적으로 상호 연관되어 있다는 점을 기억하라. 당신은 절정을 향하여 점점 세게 연주하고 그것으로부터 멀어지면서 점점 약하게 연주해야 할 필요가 있다.

논리적인 구절을 파악할 수 있는 최상의 방법은 가사를 읽어 보는 것이다. 당신이 어디에 마침표와 물음표를 표시할 것인가? 노래 내에 문장이 어디에 있는가? 숨을 쉬기 위하여 당신의 문장들을 끊어 읽지 마라. 문장을 다 읽고 숨을 쉬라. 예외적인 경우는 항상 문체와 관련되어 있을 것이다.

어떤 특정한 기분을 전달하는 가사를 강조하라. 예를 들어서, 찬송가 "나 같은 죄인 살리신"(Amazing Grace)의 가사는 이러하다. "나 같은 죄인 살리신, 주 은혜 놀라와, 잃었던 생명 찾았고, 광명을 얻었네." 이 찬송가를 부를 때, 구원의 메시지는 나 같은 죄인들을 위한 것이기에 나는 '죄인'이라는 단어를 강조해서 부를 것이다. 나는 이 찬송가의 주제인 '주 은혜' 구절을 강조하며 점점 크게 부를 것이다. 그런 후 '놀라와'라는 단어에 놀라운 감정을 실어 강조할 것이다. 문장 내에 어떤 단어들이 결정적인지를 파악하고 그 가사를 특히 강조하라.

이따금씩 최고음(pivot point)은 구절의 가장 높은음에 위치하고 있지만, 물론 이것이 확실한 기준은 아니다. 때로는 최고의 긴장감이 있는 이 점을 구절의 해결점 바로 직전의 '계류음'(suspension note)에서 발견한다. 당신의 판단이 다른 음악가들의 판단과 일치했느냐, 아니면 당신이 가장 최상의 최고음을 설정했느냐가 중요한 것이 아니라, 당신이 그 구절에서 최고음을 설정했다는 사실이 중요한 것이다. 적어도 당신의 구절은 어디론가 향할 것이며, 거기에 도달하면 이완되기 시작할 것이다. 그 구절은 살아 숨 쉴 것이며 그러한 구절들에 생명을 불어넣어 줄 것이다.[10]

구절의 오르내림에 또 하나의 도움이 되는 것은 최고음까지 '점점 빠르게'를 사용하고, 그 시점으로부터 멀어지면서 '점점 느리게'를 쓰는 것이다.[11] 이 제안은 긴박감을 조성하기 위하여 박자를 변동하는 것과 연관되어 있다. 이것은 감정을 불러일으키는 분명하고 강력한 수단이다.

악보의 마디는 작곡가가 우리에게 줄 수 있는 구절상의 강조점에 대한 가장 확실한 표시 중 하나이다.[12] 보통 마디는 섹션의 끝을 가리킨다. 구절을 형성하기 위하여 그 마디까지의 섹션을 강하게 연주하라.

최고음에 접근하면서 음색을 변화시키거나, 음질을 강렬하게 하는 것과 구절이 이완되면서 음질이 점진적으로 완화되는 것은 효과적으로 사용될 수 있다.[13] 당신의 음을 채색할 수 있다면, 당신의 예술 감각은 정말로 투명할 것이다. 이것은 아주 창조적으로 구절을 형성하는 방법이다.

연출(Interpretation)

표현주의자에게 중요한 다음 영역은 연출이다. 이것은 당신이 부르는 음악의 스타일과 관련되어 있다. 만약 당신이 재즈 노래를 부른다면, 엇박자를 강조할 필요가 있다. 1 AND 2 AND 3 AND 4. 각 'AND'에 나는 1/8박자 음표에 스윙감을 주기 위하여 그 음표 위에 강조 표시(>)를 할 것이다. 이것이 바로 연출이다.

연출에 대한 또 하나의 예는 수식(ornamentation)이다. 수식은 장식이며, 음악에 흥취를 더하기 위하여 흔히 선율선의 추가 음표를 포함하고 있다. 수식을 실행시키려면 음악적인 기교와 역사에 대한 지식이 필요하다. 장식은 적절한 음악 시대 속에서 해석되어야 한다. 당신이 외래어를 해석한다면, 단어와 메시지를 전달하기 위하여 풍부한 어휘력과 메시지의 의도에 대한 지식이 필요한 것과 같다. 이와 같이 당신은 작곡가의 의도를 반드시 알아야만 한다.

작곡가의 시대적 역사와 배경에 대한 의문을 제기하라. 이 작품이 어느 시대에 쓰였는가? 이 작품은 르네상스 시대, 바로크 시대, 고전 시대, 낭만 시대 아니면 20세기 작품인가? 이 작품은 재즈 음악인가? 만약 그렇다면 재즈 표현 방식(블루스, 래그타임, 스윙, 비밥, 쿨 재즈, 아방가르드 또는 퓨전) 중에 어느 것에 속하는가? 만약 이 음악이 종교 음악으로 분류된다면 이 작품은 파이프 오르간이 있는 성당을 위하여 작곡되었는가 아니면 기타가 주류 악기였던 예수 그리스도 운동(Jesus Movement, 젊은이들의 열광적인 무교회주의 기독교 운동)이 벌어지던 시대에 작곡되었는가? "주님의 시간에"(In His Time)와 같은 합창을 부른다면, 나는 어쿠스틱 기타나 플루트와 같은 악기를 사용할 것이다. 만약 내가 "내 주는 강한 성이요"(찬송가 585장)를 부른다면 오르간 반주자를 쓸 것이다. 그 작품이 작곡되었던 시대적 배경을 재창조하기 위하여 어떤 기악 편성법이 필요한지를 파악하라.

신체 언어

표현주의적인 고려 사항의 목록 중 다음 사항으로 신체 언어가 있다. 이것은 영상 예술에 포함된다 하더라도, 그것이 음악 연주에 영향을 준다는 것을 감안하여 나는 이 범주에 포함시켰다. 영상 세대에서는 보는 것이 곧 듣는 것이다. 당신은 노래를 부르거나 연주하는 것으로 당신의 메시지를 전달할 수 있는가? 당신이 몸으로 하는 행동이 당신이 전달하는 감정을 주관할 것이다. 당신이 음악만 전달할 뿐만 아니라, 메시지도 전달한다는 점에서 이것은 성악가들에게 중요하다. 도를 넘는 것은 안 하느니만 못하다. 우리는 몸이 경직되거나 굳는 경향이 있다. 이 영역을 개선하는 최상의 방법은 자신의 모습을 비디오카메라로 찍거나 거울 앞에서 연습하는 것이다. 특히 얼굴 표정을 연습할 때 거울을 사용하면 아주 큰 도움이 될 것이다.

정확한 박자

어떻게 보면 박자의 사용은 형식주의적인 고려 사항이다. 그러나 또 다른 시각에서 보면, 박자도 지루함이나, 흥분, 불안함 등과 같은 감정을 전달한다. 작곡가들은 박자를 선택할 때 매우 신중해야 한다. 필립 파커스는 이렇게 주장한다. "지휘자가 가장 사소한 세부 사항에 대해서도 '이 음은 좀 더 길게', '약간 강조를 덜 하고', '여기 약간의 리타르단도(약간 느리게)를 넣고'라며 가장 사소한 세부 사항에 대해서도 투덜거리며 완벽히 연주할 때까지 예행연습을 시킨 후에, 결국 모두 틀린 박자로 2시간짜리 연주회를 지휘하는 지휘자와 예행연습을 하는 것이 얼마나 답답한지 아는가!"[14]

당신이 연주하는 음악 작품의 여러 연주 실황 녹음을 들어보고 당신의 상황에 가장 적절한 박자를 결정하라. 이것은 연출 상 결정해야 할 사항이다. 진짜 의문은 당신의 판단력이 얼마나 정확하냐는 것이다. 만약 당신의 박자 선정이 틀리면 '쾌조의 연주'(groove)를 잃을 것이다. 수많은 사람들이 필요한 감정을 전달하기 위한 적절한 박자를 찾느라 녹음실에서 씨름해 왔다는 점을 기억하라.

음악 용어를 알아 두라. 다음은 박자를 나타내는 적절한 음악 용어를 나열한 목록이다. 당신의 악보에 표시할 때 이 용어들을 사용하라.

Grave(그라베)	대단히 느리게, 장중하게, 느긋하게, 진지하게, 질질 끄는
Largo(라르고)	매우 느리게, 장엄하게, 위엄 있게
Adagio(아다지오)	느리게, 평화로운
Lento(렌토)	느리게
Andante(안단테)	걷는 속도, 움직이는, 나아가는
Andantino(안단티노)	안단테보다 약간 빠르게
Moderato(모테라토)	보통 빠르게
Allegretto(알레그레토)	약간 빠르게
Allegro(알레그로)	빠르게, 활발하게, 밝고 활기찬
Vivace(비바체)	활발하게
Presto(프레스토)	급속한
Prestissimo(프레스티시모)	아주 빠르게

메트로놈과 친숙해져라. 하지만 메트로놈은 "단지 길잡이 역할만 하며, 훌륭한 음악가는 음악에 대한 그의 느낌이 가는 대로 단지 양방향의 평균적인 박자를 파악하는 길잡이로만 메트로놈을 사용한다."[15] 한 가지 마지막으로 제안하고 싶은 점은 각 메트로놈 표시마다 노래를 연관시킴으로 여러 메트로놈 표시를 암기하라는 것이다.

악상기호

여러 악상기호와 친숙해져라. 예를 들자면, 악센트 기호, 스타카토(끊음음) 기호, 소스테누토(계속) 기호, 여러 아티큘레이션(음향도), 페르마

타(늘임표), 리타르단도(점점 느리게), 스트링겐도(점점 빠르게) 그리고 루바토 등이 있다. 소형 음악 용어 사전을 항상 갖고 다녀라. 그 용어들을 마침내 다 외울 때까지는 당신의 악보에 외래 용어의 번역을 적는 데 도움을 준다.

클리브랜드 교향악단의 고(故) 아더 로드징스키(Arthur Rodzinski)는 악기 연주자에게 '음표를 하나 놓쳤다'고 이따금씩 비난하곤 했다. 그럴 때면 악기 연주자는 이렇게 반문했다. "아닙니다. 저는 악보에 쓰인 대로 내린 나음(B flat)을 연주했습니다." 그래서 로드징스키는 이렇게 반문했다. "당신은 악센트 기호를 연주하지 않았잖습니까!" 그의 머릿속에는 음표는 여러 요소로 구성되어 있었으며, 분명히 음의 높이(pitch)와 리듬, 음량, 악센트, 무악센트, 끊음음, 아니면 테누토(음을 제 길이대로 충분히 연주하는 것—역주)도 포함되어 있었을 것이다. 그리고 이러한 요소들 중에 하나라도 빠지면 그의 생각에 그 음표는 틀린 것이었다! 그의 사상은 받아들일 만하다. … 심지어 여기 한 음표의 모든 요소가 얼마나 중요한지를 나타내는 데 이해를 도울 만한 오래된 일화가 있다. 마을 밴드에 소속된 어느 트럼펫 연주자가 어떤 특정한 작품에서 한 번의 독주만 연주하면 되었다. 그 독주는 가장 알맞게 연주되어야 할 한 개의 화려하고 귀중한 음표로 구성되어 있었다. 그러나 트럼펫 연주자가 실제로 연주했을 때, 그는 너무나 불안해 한 나머지, 한 개의 음표로 일곱 가지 실수를 저지르고 말았다! 그는 한 박자 너무 빨리 들어와서 틀린 음을 연주했으며, 틀린 음이라고 쳐도 그 음은 지나치게 낮았고 그의 어택(악기의 정확한 개시—역주)이 지나치게 컸고 음표는 점점 약하게(diminuendo) 대신에 점점 세게(crescendo) 연주되었으며 음질이 흐릿했고 그 음을 한 박자 정도 지나치게 오래 끌었다![16]

표현주의 요약

예술을 감정적인 것으로 만드는 요소들을 연습하는 데 시간을 투자하라. 그렇지 않으면 선택할 수 있는 것은 지루한 음악뿐이다. 이것은 마치 설교자가 신학과 설교는 완벽한데, 신념과 열정이 빠진 것과 같다. 예술의 기교에만 신경 쓰는 것만으로는 충분하지 않다. 우리가 의사전달에 대하여 진지하다면, 감정을 표출해야만 한다. 감정을 드러낸 다음에는 이 예술의 목적에 연관되어야만 한다. 이것은 우리를 세 번째 범주인 관련주의에 이르게 한다.

■■ 관련주의(Referentialism)

이 세 번째 철학적인 관점은 단지 모든 예술에는 그것과 관련된 가치가 있다고 주장한다. 작곡가가 음악 작품을 작곡할 때, 그의 마음속에는 무언가를 염두에 두고 있다. 화가가 그림을 그릴 때도 그는 무언가를 마음에 두고 있다. 이것이 관련된 가치다. 우리 예배 인도자들에게 연관된 기준이란, 예수 그리스도와 하나님의 왕국이다. 우리는 사람들을 하나님과 연결시킨다.

예를 들어 설명하자면, 많은 텔레비전은 화면 안에 또 하나의 화면이 나온다. 당신은 하나는 작은 박스에서, 또 하나는 큰 박스에서 두 가지 프로그램을 동시에 볼 수 있다. 인간에게 있어서 항상 세 가지 이야기가 진행되고 있다. 그것은 우리의 사적인 이야기와 문화적인 이야기 그리고 하나님의 왕국에 관한 이야기이다. 교회에 있어서는 하나님의 왕국에 관한 이야기는 흔히 작은 박스에 나오는 화면이며, 우리의 사적이며 문화적인 이야기는 큰 화면에 해당된다. 예배의 목적은 이것을 뒤바꾸는 데 있다. 하나님의 왕국에 관한 이야기가 큰 화면이 되어야 하며, 우리의 사적이며 문화적인 이야기는 작은 화면이 되어야 한다.[17] 예배 인도자로서 나는 어떻게 사람들이 예수님과 하나님의 나라를 볼 수 있게 도와줄 수 있는가를 늘 고민한다. 이것이 바로 관련주의다.

■■ 관련주의적 음악 영역

관련주의자들이 초점을 맞추는 영역들은 의도와 적절성 그리고 의사전달에 대한 여러 문제들이다. 이러한 것들은 음악의 관련 기준에 대하여 살펴보면서 우리가 꼭 생각해 보아야 할 것들이다.

의도

우리가 의도라고 말할 때, 그것은 이 음악이 작곡된 이유를 묻는 것이다. 이 작품이 역사적인 사건을 알리기 위하여 작곡되었는가? 이 작품은 무언가를 축하하기 위하여 작곡된 것인가? 아니면 애도의 시기를 위하여 쓰인 것인가? 만일 내가 부활절에 노래를 부른다면 부활을 기념하며 축하하는 느낌이 있을 것이다. 시편 103편과 같은 찬양의 시를 부른다면 감사와 찬양의 느낌이 있을 것이다. 만일 내가 "진혼가"(requiem)를 연주한다면 그 작품에는 우울함이 배어 있을 것이다. 다음과 같은 작품의 의도를 파악하는 데 도움이 될 만한 몇 가지 제안을 하겠다.

음악에 출처(text)가 있다면, 그것을 연구하고 책을 읽을 때와 같이 질문을 던져라. 이 작품의 주제 또는 의도는 무엇인가? 이 작품은 무엇에 대한 것인가? 이 주제가 노래의 절을 통하여 어떻게 전달되는가? 작곡가는 어떠한 단어를 선택하여 사용하였는가? 이 작품의 원래 의도는 무엇이었는가?

음악 작품과 작곡가에 대하여 문화적으로나 역사적으로 분석하라. 이 작품이 어느 시대에 쓰였는가? 이 작품이 쓰였을 때 어떠한 상황과 연관되어 있었는가? 작곡가는 누구였는가? 작곡가가 처한 상황은 어떠하였는가? 이것에 대한 훌륭한 사례는 아마 찬송가의 작곡자들일 것이다. 대부분의 찬송가들은 작곡자들이 직면했던 힘겨운 상황에 작곡되었다. 위대한 찬송가인 "내 평생에 가는 길"(찬송가 413장)이 생각난다. 호레이시오 G. 스패포드(Horatio G. Spafford)는 영국 배의 침몰로 네 딸을 잃고 나서 살아남은 아내와 재회한 후 이 찬송가를 작사했던 것으로 추정되고 있다. 그러한 상황을 이해하려고 함으로써 우리는 그 노래를 좀 더 효과적으로 전달할 수 있다.

적절성

그 다음으로 관련주의자들은 음악의 적절성에 관심이 있을 것이다. 이것은 의도와 비슷하지만 다르다. 의도는 작곡가의 소망에 초점을 맞춘다. 적절성은 우리 쪽의 임의의 결정에 초점을 둔다. 예를 들어, 당신은 성찬식 예배를 드릴 때 경쾌한 노래를 사용하겠는가? 우리 모두가 성찬식을 다르게 접근하더라도, 어떠한 교회에서나 이 중요한 행사에 부적절한 음악 작품들이 있는 법이다. 과연 이 음악이 적절한가? 어떤 행사를 위하여 음악을 만들라는 요청을 받는 시기가 있다. 우리는 우리의 노래 선정이 적절한지를 파악해야 한다. 내가 성찬식 예배를 위하여 음악을 선정하는 것이라면, 나는 우리 주님의 돌아가심을 참고할 것이다. 그 사건의 시대로 되돌아가서 적절한 음악을 선정하라.

의사전달에 관한 문제

관련주의자들도 의사전달의 이론에 관심이 있을 것이다. 그들은 한 사람이 메시지를 제대로 전달하고 있는지 그 여부를 물어볼 것이다. 우리의 의사전달 기술을 개선할 수 있는 실제적인 방식이 많다.

대인 의사소통의 원리들은 음악가에게도 해당된다. 비언어적인 의사소통과 말투 그리고 말의 실제 내용은 모두 의사소통의 일부이다. 청중이 지루해 하는가? 아니면 흥분하였는가? 당신은 청중의 신체 언어를 읽을 줄 알아야 한다. 그들이 졸고 있다면 좀 더 나은 의사전달자가 되는 방법을 생각해 내라.

첫째, 자신의 모습을 비디오카메라로 찍어라. 둘째, 자신의 음성을 녹음하기 위하여 녹음기를 사용하라. 셋째, 당신의 청중에서 솔직하고 객관적인 피드백을 줄 수 있는 사람을 선정하라. 넷째, 당신이 평가되기를 원하는 모든 영역들이 나열된 평가 양식을 디자인하라. 이 평가 양식을 당신을 비평할 사람들에게 나누어 주라. 그러면 그들이 무엇을 관찰해야 하는지를 알 것이다. 그리고 마지막으로 항상 배울 수 있는 자세를 갖추라. 모든 것을 아는 것처럼 행동하는 사람은 예배 인도자로서 몇 번이고 실패한다. "하나님께서는 교만한 자를 물리치시고, 겸손한 사람에게 은혜를 베푸십니다."(벧전 5:5, 새)

관련주의 요약

우리는 좀 더 효과적인 의사전달자가 되기를 원하면서 우리 음악의 참고 기준에 초점을 둘 것이다. 무엇에 대하여 노래를 부르는가? 누구에게 찬양을 부르는 것인가? 우리는 어떠한 메시지를 전달하기 원하는가? 우리가 목표를 제대로 달성하고 있다면, 사람들이 어떠한 반응하기를 원하는가? 예배 인도자는 이러한 모든 질문을 자문해 보아야 한다. 어떤 분야에서든 가장 유능한 사람들은 의사전달을 가장 잘하는 사람들이다. 완벽한 음악가가 되기 위하여 부단히 노력해야 할 뿐만 아니라, 능통한 의사전달자가 되기 위해서도 힘써야 한다.

그리스도인으로서, 우리는 궁극적인 참고 기준이 있다. 참고 기준은 우리 자신도, 예술도, 웅변술도 아닌 오직 하나님뿐이시다. 『살아 있는 예배』(*Worship Is a Verb*)라는 책에서 로버트 웨버는 이렇게 말한다. "예배의 초점은 인간적인 체험이나, 강의나, 오락이 아닌, 예수 그리스도의 삶과 죽음 그리고 부활이다."[18] 나는 우리의 참고 기준이 하나님으로부터 다른 것으로 옮겨 가면, 우리는 우상을 숭배하고 있는 것이나 다름없다고 본다. 웨버는 이렇게 글을 잇는다.

> 칼 막스는 노동의 관점에서 인간에 대한 정의를 내렸다. 즉 당신은 무엇을 하느냐? 철학자인 데카르트는 정신의 관점에서 인간에 대한 정의를 내렸다. 즉 당신은 무엇을 생각하느냐? 그리고 기술 혁명은 생산을 통하여 인간에 대한 정의를 내렸다. 당신이 무엇을 하였는가? 예배는 지식적인 정보를 분배하거나 엄청난 교회 성도 수 또는 교회 출석 결정(decision)과 같은 결과를 강요하는 쪽으로 근본적으로 맞추어졌으며, 이러한 예배는 이미 세속적인 세태에 항복하였다.

세속적인 세태는 인간의 인격을 뇌 또는 상품으로 격하시키며, 예배는 정신을 위한 정보나 생산자를 위한 상품으로 전락되고 만다.[19]

기독교 관련주의자들로서 우리는 모든 예술에 있어서 그리스도를 계속해서 연관시켜야 하며, 계속해서 사람들을 복음의 길로 인도해야 한다. 기독교 예배는 음악과 설교 그리고 다른 형태의 예술을 통하여 하나님은 구속의 하나님이시며, 그분은 오늘날 우리 삶에 역사하고 계시다는 것을 선포하는 것이다.

⑨ 단원 요약

형식주의와 표현주의 그리고 관련주의에 대하여 생각하면서 예술가로서 누리는 특권을 깨닫게 되었다. 우리 교회의 예배를 위하여 매주 준비를 하다가 한 이야기가 내 머릿속을 스치고 지나갔다. 어느 기자가 엘빈 존스(Elvin Jones, 유명한 재즈 색소폰 연주자인 존 콜트레인과 함께 연주했던 드러머)를 인터뷰했다. 엘빈은 엄청난 양의 에너지로 연주하는 것으로 널리 알려져 있었다. 인터뷰를 하는 기자가 그에게 물어보았다. "어떻게 매일 밤 그렇게 힘이 넘치는 연주를 할 수 있나요?" 그는 이렇게 대답하였다. "드럼을 치기 위하여 앉을 때마다 그 순간이 내가 드럼을 다시는 연주할 수 없는 마지막 밤이라고 생각하며 연주했습니다."

그는 단지 마치 마지막 연주인 것처럼 매번 연주했을 따름이었다. 그 인터뷰를 하고 나서 얼마 되지 않아 밴드의 리더였던 존 콜트레인(John Coltrane)이 세상을 떠났다.

우리는 모두 과정 중에 있다는 것을 기억하라. 훌륭한 음악가가 되는 것은 평생에 걸친 모험이다! 그 여정을 즐기는 법을 배우라. 우리는 그리스도를 기념하기 위한 기회가 굉장히 많다. 그리고 예배시간마다 최상의 연주를 들려주어야 한다 하더라도 우리에게는 결코 마지막 공연은 없을 것이다. 우리는 살아 계신 하나님께 예배드리기 위하여 영원히 살아 있을 것이기 때문이다.

part 04

리더 되기

서론

　예배 인도자로서, 완전한 예배 인도자가 되기 위하여 달성해야 할 네 번째 목표는 리더로 성장하는 것이다. 리더십은 반드시 직위나 직함에 관한 문제가 아니다. 진정한 리더십은 본래 영향력에 관련된 문제이다. 우리가 사람들을 이끌려면 그들에게 영향을 끼쳐야 한다.

　그러나 리더십은 사람에게 영향력을 끼치는 것 이상이다. 기독교적인 맥락에서 리더십은 또한 (비전으로) 하나님의 목적을 (기관을 통하여) 이루기 위하여 (공동체를 통하여) 하나님의 백성을 움직이는 것이다. 이것을 달성하려면 우리는 자신과 자신이 속한 기관(이 경우에는 지역 교회)에 대한 현실을 적절하게 규정할 수 있어야 한다. 다시 말하자면, 우리는 자신의 삶은 물론이고 우리 교회의 현재 상태를 예리하게 관찰해 보고, 하나님께서 영광을 받으시려면 무엇이 변해야 할 필요가 있는지 솔직하게 파악해야 한다.

나는 다음 두 장에서 본을 보여 주는 것과 참여에 관하여 논할 것이다. 우리는 리더로서 우리를 따르는 사람들이 행하기를 바라는 것을 실제로 보여 주어야 한다. 그런 후 그들이 이것을 행동으로 옮기도록 해야 한다. 우리가 다른 사람들과 함께 예배를 드릴 거라면, 반드시 리더십 훈련을 해야 한다. 본을 보여주기에 관한 단원에서는 리더의 개인적인 성장에 초점을 맞출 것이며, 참여에 대한 단원에서는 회중 예배에서 하나님의 백성을 인도하는 것에 주안점을 둘 것이다. 또한 예배 팀을 구성하고 이끄는 방법에 관한 단원도 있다. 그리고 마지막으로 첨단 기술에 관한 단원에서 리더십에 관한 주제를 결론짓는다.

영향력을 행사하는 사람이 되는 첫 번째 단계는 우리를 따르는 사람들이 되기 바라는 것을 본으로 보여 주는 것이다. 예배라는 영역에서 우리는 살아 계신 하나님을 섬기는 것이 무엇을 뜻하는지 시범으로 보여 주어야 한다. 예배는 주일 아침에 찬양을 부르는 것 이상이다. 예배는 우리 삶의 총체성과 우리가 살아 계신 하나님 앞에서 영위하는 삶에 관한 것이다. 우리가 예배 분야에서 교인들에게 영향력을 행사하려면, 예수 그리스도의 사랑을 나타내야 한다.

우리 교인들은 하나님을 진심으로 사랑하는 남녀의 본보기를 절박하게 찾고 있다. 정보화 시대에 사람들은 예배라는 주제에 대한 좀 더 많은 아이디어가 아닌, 역할 모델(role model)을 찾고 있다. 그들은 예수님을 진심으로 사랑하는 사람을 보고 싶어 한다. 그래야지 그들도 그 사람을 따라 할 수 있기 때문이다.

예수 그리스도는 하나님을 따르는 것이 무엇을 의미하는지 분명히 보여 주신 최고의 본보기이다. 예수님은 늘 하나님 아버지를 기쁘게 하는 일을 행하셨다. 그분은 결코 자신의 의지대로 행동하지 않으셨다. 그분은 하나님 아버지 앞에서 완전히 순종하며 쉬지 않고 예배드리는 삶을 사셨다. 그분은 하나님 아버지와 관계를 맺는 것과 하나님께 강력하게 의존하며 사는 것의 본보기가 되셨다.

예수님은 요한복음 13장 15절에서 이렇게 말씀하셨다. "내가 너희에게 행한 것같이 너희도 행하게 하려 하여 본을 보였노라." 이 구절의 배경은 서로를 섬기는 것과 연관되어 있다. 바로 이 성경구절에서 예수님께서 제자들의 발을 씻음으로 섬기는 '본을 보여 주셨다.' 예수님께서는 자신이 제자들에게 한 것같이 제자들도 그렇게 하라고 본을 보여 주셨다고 말씀하신다. 아마 이러한 것이 곧 예수님께서 사랑하셨듯이 서로 사랑하라는 기독교 윤리일 것이다. 마가복음 10장 45절은 우리에게 이런 말씀을 준다. "인자가 온 것은 섬김을 받으려 함이 아니라 도리어 섬기려 하고 자기 목숨을 많은 사람의 대속물로 주려 함이니라."

예수님께서는 섬김에 대해서 가르치기만 하지 않으셨다. 그분은 제자들의 발을 씻김으로 그 본을 보여 주시고 그 사건을 가르치는 기회로 삼으셨다. 우리 리더십도 이와 같아야 한다. 우리는 사람들이 행하기를 바라는 것을 우선 보여 주어야 한다.

우리는 가르치는 데 대부분의 시간을 할애하지만 본을 보여 주지 않는다. 나는 네 아들을 둔 아버지이다. 나는 내 아이들을 가르치는 데 시간을 매우 적게 투자하고 그들의 습관을 붙이는 데 많은 시간을 투자한다. 나는 주로 본을 보임으로 이렇게 한다. 나는 먼저 내가 그들이 하기 바라는 것을 보여 준다. 그런 다음 그들이 나의 행동을 따라 하게 한다. 그리고 왜 그 특정한 행동이 그렇게 중요한지를 가르쳐준다. 아이들은 이론적으로가 아니라, 실제적으로 배운다. 유년기에는 특히 그렇다. 나는 성인들도 마찬가지라는 사실을 발견하고 있다. 그들도 따를 수 있는 본보기를 원한다. 그들이 예배를 '드려야 한다'고 말하는 대신에, 그들에게 예배를 '어떻게 드려야 하는지' 보여 주는 데 힘써야 한다. 이렇게 하려면 우리가 그들이 행하기 원하는 것을 자신의 행위로 보여 주어야 한다.

사도 바울은 고린도전서 11장 1절에서 말할 때 이 주제를 과제로 삼는다. "내가 그리스도를 본받는 자가 된 것같이 너희는 나를 본받는 자가 되라." 얼마나 대단한 말씀인가. 우리가 인도하는 사람들에게 이와 같은 말을 할 수 있는가? 그들에게 나의 본을 따르라고 말할 수 있는가? 우리가 예수님의 본을 따른다고 무엇보다도 먼저 말할 수 있는가? 그렇게 할 수 없다면 우리는 자신의 잘못된 행실을 고치고 예수님의 본을 따르기 시작해야 한다.[1]

■■■ 우리 삶에서 예배의 본을 보이기

"복음을 항상 전파하고 필요하다면 말을 사용하라."는 경구는 아시시의 성 프란체스코(Francis of Assisi)가 한 말로 추정되고 있다. 사람들은 복음이 어떠한 모습을 띠는지를 기대하며 바라보고 있다. 이미지가 새로운 인식론이 된 이 시대에는 이것이 특히 사실이다. 우리 삶에서 예배의 본을 보여줌으로 우리는 그것이 무엇인지 보여 주어야 한다.

이 메시지는 특히 젊은 예배 인도자들이 명심해야 한다. 수많은 재능 있고 젊은 음악가들은 그들의 목소리와 악기로 회중 예배를 인도하는 일을 훌륭하게 해낼 수 있다. 그러나 완전한 예배 인도자가 되기 위해서는 더 많은 것이 요구된다. 사도 바울이 디모데에게 보낸 편지의 메시지가 우리의 기준이 되어야 한다. "누구든지 네 연소함을 업신여기지 못하게 하고 오직 말과 행실과 사랑과 믿음과 정절에 있어서 믿는 자에게 본이 되어."(딤전 4:12)

말의 모범이 되라

사도 바울에 의하면, 우리가 본을 보여야 할 첫 번째 영역은 말이다. 예배 인도자로서 우리는 우리 입에서 나오는 말을 지켜야 한다. 너무나 많은 예배 인도자들이 예배시간에 지나치게 말을 많이 한다. 때때로 그들은 지혜롭지 못한 말을 하기도 한다. 이따금씩 그들은 때에 맞지 않는 말을 하기도 한다. 따라서 우리가 하는 말의 영역에서 신중함이 절실히 요구되고 있다.

잠언을 보면 "네가 말이 조급한 사람을 보느냐 그보다 미련한 자에게 오히려 희망이 있느니라."(잠 29:20)는 말씀이 나온다. 우리 혀를 지키는 첫 번째 원리는 말하기 전에 생각하는 것이다. 우리가 하고자 하는 말이 하나님으로부터 온 것인지를 알게 해 달라고 기도해야 한다.

잠언 17장 27절에 의하면, "말을 아끼는 자는 지식이 있고 성품이 냉철한 자는 명철하니라." 우리가 말의 본이 될 수 있는 두 번째 방법은 말을 정확하게 그리고 시기적절하게 하는 것임을 이 성구에서 배운다. 우리는 전달하고자 하는 생각뿐만 아니라 그 생각을 가장 잘 표현할 수 있는 구체적인 말을 생각해 보지 않으면 안 된다.

내가 참고하고자 하는 세 번째 성경구절은 잠언 12장 18절이다. "칼로 찌름같이 함부로 말하는 자가 있거니와 지혜로운 자의 혀는 양약과 같으니라." 우리가 하는 말은 치유를 가져다주어야 한다. 이러한 것은 영광의 하나님께 예배를 드리도록 사람들을 인도하는 예배 인도자에게 너무나 중요하다. 만일 우리의 말이 부정적이거나, 거칠거나, 또는 신경을 건드린다면 그 말은 우리가 그리스도의 사랑에 대하여 설교하거나 노래를 부를 때 우리 입에서 흘러나오는 찬양과 어울리지 않는다. 우리의 일상적인 대화가 우리가 부르는 찬송가나 찬양과 분명히 일치하도록 하지 않으면 안 된다.

더 많은 성구를 살펴볼 수 있지만, 이 몇몇 구절들은 예배 인도자로서 우리가 말을 조심해야 하는 중요성을 충분히 전달한다. 예배를 인도할 때 우리는 찬양으로 그리고 우리 입에서 나오는 말로 인도하는 것이다. 당신의 말이 신중한 생각에서 우러나오고 간결하며, 치유로 가득 차 있기를 바란다.

삶의 본보기가 되라

예배 인도자들은 하나님의 나라에 우선순위를 두어야 한다. 그렇게 하려면 우리의 현재 우선순위를 재평가해 볼 필요가 있다. 이 우선순위들이 하나님의 나라에 부합되는가? 우리는 예수님이 좋아하시는 것을 좋아하는가? 예배 인도자들이라면 이러한 중요한 질문들을 반드시 자문해 보아야 한다.

예수님께서 말씀하셨다. "너희를 위하여 보물을 땅에 쌓아 두지 말라 거기는 좀과 동록이 해하며 도둑이 구멍을 뚫고 도둑질하느니라 오직 너희를 위하여 보물을 하늘에 쌓아 두라 거기는 좀이나 동록이 해하지 못하며 도둑이 구멍을 뚫지도 못하고 도둑질도 못하느니라 네 보물 있는 그곳에는 네 마음도 있느니라."(마 6:19-21)

예배 인도자들은 성공과 인정 그리고 권력을 소중히 여기려는 유혹에 빠질 수 있다. 위대한 음악가로 알려지거나, 음반 계약을 맺거나, 자신이 작곡한 노래가 출간되는 것만큼 예배 인도자에게 탐나는 것은 없다. 예수님께서는 마태복음 6장 33절에서 말씀하셨다. "그런즉 너희는 먼저 그의 나라와 그의 의를 구하라 그리하면 이 모든 것을 너희에게 더하시리라." 우리 마음을 하나님 나라에 둔다면, 나머지는 하나님께서 책임지실 것이다.

사랑의 본보기가 되라

예배 인도자들은 그리스도의 사랑을 나타내는 향기를 내야 한다. 우리 교인들은 우리가 하나님과 열정적으로 사랑에 빠지고, 사람들에게 인정이 넘치는 것을 보길 원한다. 우리의 사랑은 수직적이고 수평적이어야 한다. 우리의 갈망은 그리스도를 친밀하게 알며, 하나님의 형상으로 창조된 모든 사람에게 친절과 온화함과 동정심으로 다가가는 것이어야 한다.

우리 교인들은 우리가 그리스도의 사랑에 대하여 노래하는 것을 듣는다. 그러나 그들은 이 사랑이 우리 삶에 반영되는 것을 보는가? 그들은 우리가 찬양하고 가르치는 예수님을 우리가 사랑한다는 것을 아는가? 그들은 우리가 하는 말과 우리가 살아가는 삶을 통하여 언행이 일치되는 것을 보는가? 우리는 예수님과의 설레이는 사랑의 '본'을 보여주는가? 바로 이러한 것들이 예배 인도자에게 활력을 준다. 교인들이 우리가 하나님을 뜨겁게 갈망하는 모습을 본다면, 우리의 예배시간은 자연스럽게 이러한 메시지를 발산할 것이다.

또한 교인들은 우리가 그들을 사랑한다는 것을 알 필요가 있다. 사람들은 당신이 그들에게 얼마나 관심이 있는지를 알기 전까지 당신이 얼마나 많은 지식을 갖고 있는지에 별로 관심이 없다. 예배 인도자여, 당신이 교인들을 사랑한다는 것을 그들이 안다면 그들도 당신이 제안하는 변화를 더 적극적으로 수용할 것이다.

나는 교회 지도자들이 예배 전쟁이라는 싸움터에서 죽어 가는 이유가 교인들이 목사가 그들을 사랑하지 않는다고 생각하거 때문이라고 본다. 우리는 그들을 변화시키려고 하지만, 교인들은 우리가 과연 그들에게 관심이 있는지조차 확신하지 못한다. 당신이 그들에게 진심으로 관심이 있다는 것을 보여 준다면 예배라는 영역에서 그들을 인도하기가 훨씬 수월할 것이다.

신앙의 모범이 되라

예배 인도자들은 신앙의 모범이 되어야 한다. 우리는 신앙을 갖는 것과 신앙 안에서 성장하는 두 가지 일에서 본이 되어야 한다. 신앙 성장은 우리가 믿음에 뿌리를 두고 있다는 가정(기본적인 기독교 교리)에 기초를 둔다.

예배 인도자로서, 내가 신앙 안에서 성장하는 데 도움을 준 한 분야는 신학을 공부하는 것이었다. 이러한 이유로 내가 이 책의 첫 부분을 신학이라는 주제에 할애한 것이다. 내가 기본적인 교리적 범주에 대하여 성경과 종교개혁자들 그리고 청교도들을 공부함으로써 나의 신앙이 성장했다고 자신 있게 말할 수 있다.

피스튜오(pisteuo, 믿음)라는 단어는 동사의 형태를 띨 때는 목적어가 있어야 된다. 우리 신앙이 신앙 안에 있다면 우리는 믿으려고 갈망하는 것을 유지하기 위하여 영원히 감정적인 에너지를 만들어 내려 할 것이다. 이러한 이론은 크리스천 사이언스 신도들이 신봉하는 것이다.

진정한 우리 믿음은 순전히 예수 그리스도와 그분의 의로우심이라는 기반 위에 세워진 것이다. 우리 믿음의 대상은 신앙이 아니라 하나님이다. 우리가 강한 믿음을 가지려면 하나님을 알아야 한다. 나는 하나님에게는 불가능이 없기 때문에 예배 도중에도 하나님께서 사람을 치료할 수 있다고 믿는다. 하나님께서는 그분의 인격에 위배되는 일을 결코 하지 않으신다. 하나님은 은혜로우시며, 자비로우시고 긍휼이 많으시다. 하나님에게 있어서 치유란 분자를 배열하는 문제에 불과하다. 그분에게는 못할 일이 없다. 예배시간의 활력을 회복시켜 주는 것은 바로 이러한 믿음이다. 예배 인도자가 하나님을 깊이 이해하고 있다면, 이런 생각을 교인들에게 불어넣을 것이다.

순결함의 본보기가 되라

사도 바울이 디모데에게 마지막으로 격려하는 것은 순결함의 본이 되라는 것이다. 도덕적인 타협만큼 예배 인도자를 빨리 파멸로 몰고 가는 것은 없다. 우리가 올바르게 예배를 인도하려면 하나님 말씀의 기준과 하나님의 인격을 알아야 한다. 우리 삶은 도덕적인 순결뿐만 아니라 레위인에게 요구되었던 완전한 구별(카도쉬, qadosh)도 드러내야 한다. 우리는 순결의 영역에서 나쁜 본보기가 됨으로 신자들에게 하나님에 대한 회의와 혼란을 줄 여유가 없다.

교인들이 우리가 그리스도를 사랑하며 우리 삶을 그분께 바쳤다는 것을 안다면 우리가 부르는 찬양과 설교하는 메시지를 신뢰할 것이다. 메시지를 전달하는 사람에게 진실함을 부여하는 것은 그의 메시지뿐만 아니라 그 메시지를 전하는 사람의 됨됨이다. 우리는 그리스도의 인격을 드러내야 한다. 그렇기 때문에 성화가 중요한 것이다. 우리는 끊임없이 거룩하게 성장해야 한다. 성령님께서 우리 안에 거하신다는 것을 사람들에게 보여 주어야 한다. 하나님을 위하여 살아감으로써 우리는 하나님께 어떻게 예배드려야 하는지를 교인들에게 보여 줄 수 있다.

우리가 순결하고 윤리적인 삶을 살면, 사람들은 우리에 대하여 부정적인 말을 할 수 없다. 사도 바울이 디도서 2장 7-8절에 기록한 바와 같이 "범사에 네 자신이 선한 일의 본을 보이며 교훈에 부패하지 아니함과 단정함과 책망할 것이 없는 바른 말을 하게 하라 이는 대적하는 자로 하여금 부끄러워 우리를 악하다 할 것이 없게 하려 함이라." 이것이 오늘날 우리에게 주는 메시지이다. 우리는 예배 인도자로서 모든 일에 모범이 되어야 한다. 우리가 성령님께서 인도해 주시는 대로 산다면, 우리는 "육체의 욕심을 이루지 아니하리라."(갈 5:16)

■■ 어떻게 예배드리는지 본 보여주기

교인들은 우리가 예배를 삶의 방식으로 보여 주는 성실한 사람이라는 것을 알 필요가 있다. 그러나 그들은 또한 구세주에게 우리 사랑을 표현하려는 의향이 있는 것도 알아야 한다. 찬양은 늘 표현적이고, 활동적이며, 말씀을 증거한다. 예배는 우리가 행하는 것이고 표현하는 것이다.

예를 들면, 시편 95편 1-2, 6절은 이렇게 말하고 있다. "오라 우리가 여호와께 노래하며 우리의 구원의 반석을 향하여 즐거이 외치자 우리가 감사함으로 그 앞에 나아가며 시를 지어 즐거이 그를 노래하자 … 오라 우리가 굽혀 경배하며 우리를 지으신 여호와 앞에 무릎을 꿇자." 이 시편을 우리 교인들에게 적용하려면 우리가 먼저 하나님 앞에 감사함으로 나아가서 노래 가락에 맞추어 그분께 즐겁게 소리 높여 외치고 엎드려 경배하며, 그분 앞에 무릎을 꿇어야 한다. 우리가 실제로 이렇게 행한다면, 이 시편 말씀에 따라 예배가 어떠한 모습을 띠는지 시범으로 보여 주는 셈이 된다. 우리 교인들이 손을 높이 들기 바란다면 이것을 실제로 보여 주어야 한다. 예배가 우리 삶의 방식의 일부라면 사람들도 이 삶의 방식을 보고 따라가기 원할 것이다.

이러한 것은 기도와 연관되어 있기에 특히 더 중요하다. 만약 새신자에게 기도하는 법을 가르치려고 한다면 어떻게 할 것인가? 기도에 관한 책을 공부할 것인가? 아니면 그 사람을 기도에 대한 세미나에 보낼 것인가? 어떻게 할 것인가?

이 젊은 제자에게 어떻게 기도하는지를 가장 효과적으로 가르칠 수 있는 방법은 함께 기도하는 것이다. 이 새신자를 교인들이 모여 기도하고 있는 기도 모임에 데려가라. 이 사람이 기도하는 법을 배우려면, 기도가 어떠한 모습을 띠고 어떻게 들리는지 보여 주어야 한다. 묵상 시간과 간증하는 법을 배울 때도 마찬가지이다.

훌륭한 리더들은 사람들이 새로운 것을 배울 때 시범이 필요하다는 것을 안다. 그들이 공구를 구입하거나, 기술을 배우거나, 또는 예배드리는 법을 배울 때도 마찬가지이다. 예배에 대하여 가르치는 것도 중요하지만 그것만으로는 충분하지 않다. 우리는 어떻게 예배를 드리는지 본을 보여 주어야 한다.

열정적으로 하나님께 반응하는 방법

나는 '열정'(passion)이라는 단어를 생각할 때 소비, 강한 애착 그리고 중독이 떠오른다. 당신이 무언가에 열정적이면 그 대상에 대하여 생각하지 않을 수가 없다. 당신의 정신은 갈망하는 것을 얻는 방법을 끊임없이 연습하고 있다. 그리고 계획이 떠오르고 정신은 그 대상을 손에 넣기 위하여 분석하기 시작한다. 당신은 열정의 대상을 갈망하는 감정이 고조되고 있다. 당신이 갈망하는 것이 당신 마음을 사로잡는 데는 단지 시간이 필요할 뿐이다.

하나님께 반응하는 것에 대해 우리가 보여 주는 가장 중대한 특징은 열정이어야 한다. 만약 예수님에 대한 열정을 가지고 있지 않으면 우리는 아마 다른 것에 대하여 열정적일 것이다. 우리는 마음을 지켜야 한다. 우리의 열정은 하나님을 향해야 한다. 이러한 것은 우리를 그리스도의 형상대로 만드시는 성령님이 주로 하실 일이다.

예수님께서 직접 하신 다음 명령을 주목하라.

> 예수께서 사두개인들로 대답할 수 없게 하셨다 함을 바리새인들이 듣고 모였는데, 그중의 한 율법사가 예수를 시험하여 묻되, "선생님 율법 중에서 어느 계명이 크니이까?" 예수께서 이르시되 "네 마음을 다하고 목숨을 다하고 뜻을 다하여 주 너의 하나님을 사랑하라 하셨으니 이것이 크고 첫째 되는 계명이요 둘째도 그와 같으니 네 이웃을

네 자신같이 사랑하라 하셨으니 이 두 계명이 온 율법과 선지자의

강령이니라."(마 22:34-40)

예수님께서는 신명기 6장과 레위기 19장을 인용하면서 이 두 계명,

즉 하나님을 열정적으로 사랑하고 사람들을 열정적으로 사랑하면 율법

과 선지자의 강령을 지키는 것이라고 구체적으로 말씀하신다.

이 명령은 의미심장하다. 우리는 가장 먼저 하나님을 위한 열정을

드러내야 한다. 그렇게 하여야만 비로소 우리가 사람을 사랑하는 법을

배울 것이다. 조셉 케롤(Joseph Carroll)이 그의 저서 『예수 그리스도께 예

배를 드리는 방법』(How to Worship Jesus Christ)에서 말하고자 한 것에 귀

기울여 보라.

> 바울서신에서 사도 바울은 그리스도인들에게 간증하라고 결코
> 촉구하지 않았으며, 해외선교에 대해서도 아무런 언급도 하지 않았다는
> 사실을 아는가? 사도 바울은 그러한 말을 한 번도 하지 않았다! 얼마나
> 흥미진진한가! 사람들을 보고 끊임없이 간증하라고 말해야 한다면
> 그들에게 문제가 있는 것이다. 해외선교에 관심을 가지라고 사람들에게
> 항상 열정을 불어넣어 주어야 한다면 그들에게 문제가 있다. 사도
> 바울은 항상 무엇을 하고 있었는가? 그는 당신을 예수님에게로 한결같이
> 인도하고 그리스도에게 당신을 맡겨 두고 간다. 사람의 마음 중심에
> 그리스도가 있을 때 그 사람은 무엇을 하고 싶어 하겠는가? 그는 다른
> 사람들에게 예수님에 대하여 말하고 싶어 할 것이며, 그 일을 아주

효과적으로 해낼 것이다. 예수 그리스도가 사람의 마음 중심을 차지하게 하라. 그리하면 그 사람은 부담을 느끼며, 걱정스러워할 것이다. 수백만 명의 사람들이 아직 그리스도에 대하여 들어본 적이 없기 때문이다. 이 사실은 그의 마음을 심란하게 하며, 그가 행동을 취하도록 할 것이다. 그에게 필요한 것은 간곡한 권유가 아니라 그리스도이다.[2]

몇 년 전에, 나는 캘리포니아 주 밴나이스(Van Nuys)에서 잭 헤이포드(Jack Hayford) 목사님이 담임하는 교회에서 예배드릴 기회가 있었다. 예배가 시작되자, 나는 하나님의 분명한 임재하심이라고밖에 설명할 수 없는 것을 느꼈다. 나는 이전에 하나님과 친밀했던 예배시간에도 이러한 체험을 몇 번 한 적이 있었다. 음악이 완벽했던 것도 아니었고 예배가 정시에 시작해서 정시에 끝난 것도 아니었으며, 심지어 잭 헤이포드 목사님의 가르침이 아주 상세한 것도 아니었다. 그러나 이 교회는 주 예수 그리스도께 자신의 애정을 보이는 방법을 알고 있었는데 그것이 큰 차이점이라고 본다.

찬양 시간은 단지 설교를 위한 준비 운동이 아니었다. 우리는 예수님께 정말로 '열정적으로' 찬양했다. 우리가 고전 찬송가를 부르든, 현대 찬양을 부르든 아무런 상관이 없었다. 중요한 것은 우리가 '누구에게' 찬양을 드리며, 이 특권을 어떻게 누리고 있느냐 였다. 여러 사람들이 찬양을 인도했는데, 대부분 교회 직원들이었던 것 같다. 이 사람들은 전문 음악가들은 아니었지만 그들의 본보기와 격려를 통하여 교인들을 인도하는, 하나님에 대한 열정을 가진 목회자들이었다. 정말로 은혜로운 예배시간이었다.

나는 이 교회의 규모에 별로 놀라지 않았다. 누가 이러한 환경을 갈망하지 않겠는가? 부흥되는 교회는 지역 공동체의 진정한 구심체이다. 사람들은 한 가지 목적만을 위하여 그 교회에 간다. 바로 하나님을 만나기 위해서이다. 이 교회의 지도자들은 방문객과 출석자들을 끌어들이기 위하여 화려한 프로그램을 만들지 않아도 된다. 그들은 우선순위가 분명했다. 첫째로 주님을 섬긴다. 둘째로 그리스도의 몸을 섬긴다. 그리고 셋째로 세계를 섬긴다. 바로 이것이 진정한 교회이며, 제대로 운영되는 교회이다! 하나님의 백성들이 자신의 전부로 주 예수 그리스도에게 그들의 사랑을 표현하는 것을 보는 것만큼 흥분되는 일은 없다.

잭 헤이포드 목사님은 『경배』(Worship His Majesty)라는 책에서 예배는 왕국의 백성들이 왕 중 왕에게 바치는 하나님 나라의 행사이며, 이 행사는 하나님 나라의 충격을 지구상에 일으킨다고 말하고 있다. 헤이포드 목사님은 예배가 단지 하나님만을 위한 것이 아니라 우리를 위한 것이기도 하다고 말한다. 우리가 예배드릴 때 하나님의 임재하심은 분명히 드러난다. 즉 초자연적인 세계를 자연 세계로 불러들이는 것이다. 하나님께서는 그분의 백성들의 찬양에 살아 계신다. 헤이포드 목사님이 이것을 어떻게 설명했는지 들어보라.

우리가 그분의 보좌 앞으로 이끌려 나아와 그분을 찾을 것이냐 하는 것이 가장 중대한 문제이다. 왜냐하면 우리가 그렇게 한다면 천국이 온 지구상에 퍼질 것이기 때문이다! 우리 교회에서는 거의 20년의 시간이 지나면서 교인들의 숫자가 엄청나게 불어났다. 교회 출석 인원이 매주 거의 1만 명씩 증가하며, 20년이라는 오랜 기간 동안 거의 3만 명이 그리스도를 영접하였다. 예배의 우선순위와 목적에 기반을 둔 이 사고방식으로부터 이 모든 일이 물밀듯이 이루어졌다.[3]

왜 예배가 교회 생명에 그렇게 결정적으로 중요한가? 그것은 예배가 교회에 생명력을 불어넣어 주기 때문이다. 사람들은 예배하는 분위기에서 하나님을 만나기 때문에 예배가 중요하다. 하나님 나라의 우선순위, 즉 왕 중 왕이시며, 그리스도이시고 역사의 주관자이신 예수님을 드러내기 때문에 예배가 그렇게 중요한 것이다. 신약성경에 나오는 베드로전서 2장 9-10절은 이렇게 말하고 있다. "너희는 택하신 족속이요 왕 같은 제사장들이요 거룩한 나라요 그의 소유가 된 백성이니 이는 너희를 어두운 데서 불러내어 그의 기이한 빛에 들어가게 하신 이의 아름다운 덕을 선포하게 하려 하심이라 너희가 전에는 백성이 아니더니 이제는 하나님의 백성이요 전에는 긍휼을 얻지 못하였더니 이제는 긍휼을 얻은 자니라." 예수님께 열정적으로 예배를 드리도록 동기를 부여할 만한 것이 있다면 그것은 바로 하나님께서 우리를 천국의 상속자라고 선포하셨다는 사실이다.

그리스도의 몸이 그리스도를 향한 예배를 원래 위치에 올려놓을 때 교회는 본연의 사명을 달성할 수 있다. 교회의 운명은 그리스도의 몸을 교화시키고 우리 자신의 개인적인 또는 문화적인 이야기 외에 또 다른 역사적인 이야기가 밝혀지고 있다는 것을 보여 주는 것이다. 그리고 이 것이 바로 하나님에 대한 이야기이며, 하나님 나라에 관한 이야기이다. 예수님께서 죽음과 어두움의 힘을 이겨 내셨다는 이야기이다. 그 이야 기는 하나님께서 지배하는 이야기이며, 예수님이 왕 중 왕이시며, 그리 스도라는 이야기이며, 이것은 구속과 승리 그리고 희망의 이야기이다. 인류가 성취를 맛보는 이야기이다. 바로 이 이야기를 정기적으로 나누 고 표현하면, 지역 공동체를 우리의 예배당으로 인도할 것이다. 그렇기 때문에 예배가 지역 교회의 생명에 꼭 필요하다는 것이다.

우리가 그리스도를 향한 예배를 우리 모든 활동의 중심에 계속 둔 다면, 하나님 나라는 어두움의 왕국을 꿰뚫을 것이다. 예배는 마치 그 리스도의 임재하심을 자연 세계로 끌어들이는 자석과 같다. 시편 기자 가 말한 바와 같이 주의 앞에서는 기쁨이 충만하다(시 16:11). 우리의 전 심으로 드리는 정성과 경배로 하나님을 우리 사이에 초대하면서 우리 가 그분의 분명한 임재하심을 체험하기 바란다.

공중 예배를 드리는 요령

예배가 하나님의 계시를 기반으로 한 우리 예배에 대한 반응이므로, 예배는 정확하게 어떠한 모습을 띠어야 하는가? 이러한 문제 때문에 수많은 '예배 논쟁'이 일어난다. 방법상의 문제는 예배의 형태와 관련이 있으며, 또한 대부분의 예배 세미나에서 다루어지는 주제이다.

우리의 예배 습관은 성경말씀에 따라야 한다. 성경말씀을 기초로 하여, '방법상'의 문제는 세 가지 범주로 답할 수 있다고 본다. 그 세 가지는 예배드리는 태도와 예배의 표현 방식 그리고 예배의 시기이다.

예배드리는 태도

가장 먼저 주님 앞에 나아올 때 우리가 갖추어야 할 적절한 태도가 있다. 하나님은 우리에게 아무것도 빚지신 것이 없다. 우리는 때로 마치 하나님이 우리를 섬기려고 존재하는 것처럼 그분께 다가간다. 우리는 하나님께 우리를 즐겁게 해 달라며 이 교회에서 저 교회로 전전한다. 그러나 예배는 우리가 원하는 것에 대한 것이 아니다. 전도서 5장 1절에 이렇게 기록되어 있다. "너는 하나님의 집에 들어갈 때에 네 발을 삼갈지어다 가까이 하여 말씀을 듣는 것이 우매한 자들이 제물 드리는 것보다 나으니 그들은 악을 행하면서도 깨닫지 못함이니라." 매주 예배가 자신이 좋아하는 방식대로 준비되지 않으면, 참여하지 않겠다는 태도를 가지고 다니는 사람들이 이 땅 전역의 교회에 많이 있다.

우리가 하나님께 나아갈 때 우리는 그분께서 하신 일에 대하여 겸손함과 경의, 감사 그리고 고마운 태도를 가져야 한다(레 10:3; 시 29:2; 89:7; 93:5; 합 2:20; 요 4:24 참조). 예배 인도자로서 우리는 이러한 태도의 모범이 되어야 한다. 시편 기자는 이렇게 말하였다. "오직 나는 주의 풍성한 사랑을 힘입어 주의 집에 들어가 주를 경외함으로 성전을 향하여 예배하리이다."(시 5:7) 또한 시편 96편 9절에 이렇게 기록되어 있다. "아름답고 거룩한 것으로 여호와께 예배할지어다 온 땅이여 그 앞에서 떨지어다."

그러므로 태도는 강력한 예배의 시발점이다. 우리는 예배 인도자로서 이러한 태도의 본을 보여야 한다. 그리스도의 몸인 교인들이 주님의 보좌 앞에 겸손함으로 나아올 때, 하나님의 임재를 체험하도록 하기 위해 그분의 모든 권능이 교회에 퍼질 것이다. 예배가 무엇보다도 하나님을 위한 것이라는 것을 깨달으면 우리는 우리 자신을 위하여 예배시간을 디자인하려는 유혹을 뿌리칠 것이다. 태도는 강력한 예배의 시발점일 뿐만 아니라 우리가 예배하는 이유 속에 숨은 핵심이다.

예배 표현 방식

성경이 다루는 두 번째 범주는 우리가 하나님께 예배드리기 위하여 있는 다양한 신체적인 표현들이다. 잭 테일러(Jack Taylor)는 『찬양 중에 거하시는 하나님』(*The Hallelujah Factor*)에서 이렇게 설명하고 있다.

찬양은 본질적으로 하나님에 대한 찬미이다. 그러나 좀 더 실현 가능성이 있는 정의를 위하여 우리는 이러한 자격을 갖추어야 한다. 찬양은 항상 활동적이고 단호하며, 감정을 드러내며, 개방되어 있다. 찬양은 결코 수동적이거나, 감정을 나타내지 않거나, 숨기지 않는다. 찬양이 나오는 곳은 어디든지 움직임과 활동, 소리 그리고 노래가 보이고 들린다.[4]

이는 찬양과 예배드리는 생활 방식에 대한 아름다운 정의이다. 우리는 우리 안에 있는 모든 것으로 주님을 높여야 한다. 그런데도 대부분의 경우에, 우리는 다른 사람들이 어떻게 생각하는지에 대해 더 많은 신경을 쓴다. 우리는 타인을 의식하며 위협감을 느끼는 것이다. 우리 교인들이 두려움 없이 예배드리기를 바란다면, 우리가 먼저 이러한 모습을 보여 주어야 한다. 우리는 자신을 주님께 표현하는 법을 배워야 한다. 그래서 우리가 주님을 얼마나 사랑하는지 표현할 수 있는 자유를 찾기 바란다.

우리 신체는 마음속에 일어나고 있는 일을 표현하도록 해 준다. 성경말씀은 추켜올려진 손과 노래하는 목소리, 연주되는 악기, 엎드려 절함, 춤 그리고 외침에 대하여 말한다. 이 모든 활동은 우리 신체로 행하는 것이다. 로마서 12장 1절은 이렇게 말하고 있다. "형제자매 여러분, 그러므로 나는 하나님의 자비하심을 힘입어 여러분에게 권합니다. 여러분의 몸을 하나님께서 기뻐하실 거룩한 산 제물로 드리십시오. 이것이 여러분이 드릴 합당한 예배입니다."(새) 간단하게 말하자면 우리는 우리가 가진 모든 것으로 주님을 축복해야 한다. 우리는 그분을 얼마나 사랑하는지 말로 표현해야 하며, 그렇게 할 수 있는 유일한 방법은 우리 몸을 이 행위에 온전히 바치는 것이다. "당신은 그런 식으로 예배를 드려라. 하지만 나는 나의 방식대로 예배를 드린다." 이렇게 말한다면 이것은 잘못된 신학이다. 우리는 윤리적인 문제를 편한 대로 결정하지 않듯이 편의적이고 느끼는 대로만 예배를 드려서는 안 된다. 세상은 그렇게 하더라도 객관적인 진리의 기준대로 살아간다고 선언하는 사람들은 그래서는 안 된다.

하나님은 역사적으로 사람들을 그들의 편안한 생활에서 몰아내시는 분으로 알려져 왔다. 하나님께서 노래를 부르라고 하면 불러야 한다. 우리 손을 높이 들라고 하시면 손을 높이 들어야 한다. 그분이 우리에게 엎드리라고 하면 우리는 엎드려야 한다. 하나님께서 말씀하시면 우리는 거기에 반응해야 한다. 그 반대가 아니다. 반드시 그렇게 해야만 찬양으로 하나님께 순종한 것에 따르는 축복을 받을 것이다. 그렇다. 예배에 육체도 포함된다. 그리고 성경말씀은 예배에 신체를 어떻게 사용하는지도 알려 준다. 시편은 우리 안에 있는 모든 것으로 하나님께 예배를 드리는 방법에 대하여 많은 정보를 얻을 수 있는 좋은 책이다. 우리는 예배 인도자로서 최근 유행하는 찬양만큼이나 시편도 잘 알아야 한다.

우리가 불러야 하는 노래들의 유형에 대하여 알아볼 때, 우리는 "시와 찬송과 신령한 노래"(엡 5:19)로 주님께 노래하며 찬송해야 한다. 이세 단어들은 모두 감사와 찬송에 의하여 일어난 것이다. 이러한 노래유형은 세 가지 범주로 나뉜다. 이러한 것들에는 성경말씀(시편에 나오는 대로)과 교회 역사로부터 나온 찬송가 그리고 오늘날 쓰이는 새로운 찬양이 있다. 많은 사람들은 전통적인 찬송가나 새로운 찬양을 부르는 것중에 하나를 선정할 때, 한 가지에 극단적으로 치우치는 경향이 있다. 우리는 두 가지를 다 불러야 한다. 찬송가들은 신학을 제시한다. "마틴루터(Martin Luther)를 예로 들어 보자. 그는 자신의 교인들을 '신학적인 야만인들'이라고 불렀으며, 목요일 저녁을 회중 찬송 시간으로 할애하여 기본적인 신학을 가르쳤다. 2세기가 지난 후에, 루터파 작곡가 J. S. 바하(J. S. Bach)는 그의 교인들이 한 찬송가를 가지고 40절까지 부르도록 했다는 설이 전해져 내려오고 있다."[5] 내가 풀러신학교에서 들었던 예배학 시간에 버디 오웬스는 "찬송가들은 교회의 기억을 포함하고 있으며, 기억이 없는 사람은 정신병자입니다."라고 말한 적이 있다. 나도그의 말에 동의한다. 또한 찬송가들이 십자가와 보혈에 대하여 계속해서 찬양하도록 한다는 점도 지적하고 싶다.

그 반면에, 새로운 노래도 불러야 한다. 성경말씀에도 나온다! 시편 40편 3절은 새 노래도 아주 효과적인 전도 수단이 될 수 있다고 말한다. "새 노래 곧 우리 하나님께 올릴 찬송을 내 입에 두셨으니 많은 사람이 보고 두려워하여 여호와를 의지하리로다." 사람들이 새로운 노래를 작곡하라고 하는 교회나 전도 운동은, 개종자의 숫자에 의하여 자라나고 있는 교회나 운동이라는 것이 내가 경험한 바이다. 적절한 사례로, '빈야드 운동'(Vineyard Movement)이나 토미 워커(Tommy Walker)가 이끄는 '크리스천 어셈블리'(Christian Assembly)를 들 수 있다. 또한 호주 시드니에 있는 '힐송 크리스천 펠로우쉽'(Hillsongs Christian Fellowship)이 이러한 교회 성장의 사례일 수 있다.

이러한 교회들은 성장이라는 목적을 위해서만 음악을 사용하는 것이 아니라, 주님께 예배드리기 위하여 음악을 쓴다. 그러나 이러한 과정에서 수많은 사람들은 그 환경에 마음이 끌린다.

새로 작곡된 노래들은 전통적인 찬송가와의 균형을 제공한다. 합창은 감정적이며, 표현적이고 하나님 아버지의 내재성(immanency)을 강조하는 경향이 있다. 하나님은 초월적이면서도(우리와 다르시다—찬송가가 강조하는 점) 내재성(아버지로 우리에게 다가오신다—합창의 강조점)이 있다. 그것에는 뚜렷한 구분이 없다. 오늘날 작곡되는 수많은 합창곡들은 초월적인 현대 찬송가들이다. 그리스도 몸의 지체들이 성경말씀 속에 있는 노래와 기도, 전통적인 찬송가 그리고 하나님께서 현대와 다음 세대들의 마음속에 심어 주시는 새로운 노래들을 사랑하기 바란다.

■■■ 예배드리는 시기

예배드리는 시기에 관하여, 성경은 주님을 어느 때든지 섬기라고 말해 주고 있다. "항상 기뻐하라 쉬지 말고 기도하라 범사에 감사하라 이것이 그리스도 예수 안에서 너희를 향하신 하나님의 뜻이니라."(살전 5:16-18) 우리는 그리스도인으로서 끊임없이 예배를 드려야 한다. 우리는 항상 주님께 감사드리고 기도드리며, 순종하는 삶을 살아야 한다.

그런데도 불구하고 우리는 하나님께서 그의 백성들에게 특별한 기념일에 모이라고 하셨다는 것도 안다. 구약에서 하나님은 그분이 이루신 일을 기념하기 위하여 많은 축제일을 시작하셨다. 이것에 관한 최고의 사례는 유월절(Passover)일 것이다.

신약에서 우리는 다음 본문을 읽는다. "매주 첫날에 너희 각 사람이 수입에 따라 모아 두어서 내가 갈 때에 연보를 하지 않게 하라."(고전 16:2) 사도행전 20장 7절에서 일요일이 새로운 예배의 날이 된 것을 볼 수 있다. "그 주간의 첫날에 우리가 떡을 떼려 하여 모였더니 바울이 이튿날 떠나고자 하여 그들에게 강론할새 말을 밤중까지 계속하매."

그런 까닭에 특별한 날들은 그리스도인들에 의하여 지켜져야 한다는 것을 알 수 있다. 주일은 교회가 함께 예배를 드리는 시간이다.

■■ 순종과 예배

예배는 하나님께 순종하는 삶과 섬김 등과 같이 그분에 대한 우리의 반응이다. 알렌과 보러는 "예배(worship)라는 영어 단어는 그것이 묘사하는 행위를 훌륭하게 표현한다. 이 용어는 앵글로색슨어 weorthscipe에서 유래되었으며, 그 단어가 worthship으로 변하였다가, 마침내 worship이 되었다. 예배는 어떤 사람이나 어떤 대상에 '가치를 부여한다'는 뜻이다."[6] 하나님에 대한 반응으로서의 예배 의식은 그분에게 영광과 찬미를 돌려야 한다. 구약에서 역대상 16장 28-29절은 이렇게 말하고 있다. "여러 나라의 종족들아 영광과 권능을 여호와께 돌릴지어다 여호와께 돌릴지어다 여호와의 이름에 합당한 영광을 그에게 돌릴지어다 제물을 들고 그 앞에 들어갈지어다 아름답고 거룩한 것으로 여호와께 경배할지어다."

수많은 그리스도인들의 마음속에 찬양은 설교에 앞서 나오는 예배 시간의 음악적인 부분이라는 사고방식이 자리 잡고 있다. 그들은 찬양 시간이 설교를 위하여 사람들의 마음을 준비시켜 주는 것에 불과하다고 말한다. 많은 사람들은 40분 동안의 방해받지 않고, 물 흐르는 듯한 예배시간만이 그들을 하나님의 임재하심으로 이끌 것이라고 믿는다. 또 다른 사람들은 하나님 앞에 나아가기 위하여 믿음의 찬송가를 불러야 한다고 생각하는 사람들도 있다. 하지만 사람들이 불순종하는 삶을 살고 있다면 40분 내에 하나님의 임재하심에 나아갈 수 없을 것이다. 우리는 예배의 기능보다 형태를 더 강조해 왔다. 선지자 아모스는 이런 현상에 대하여 다음과 같이 말하였다.

> 내가 너희 절기들을 미워하여 멸시하며 너희 성회들을 기뻐하지 아니하나니 너희가 내게 번제나 소제를 드릴지라도 내가 받지 아니할 것이요 너희의 살진 희생의 화목제도 내가 돌아보지 아니하리라 네 노랫소리를 내 앞에서 그칠지어다 네 비파 소리도 내가 듣지 아니하리라 오직 정의를 물같이, 공의를 마르지 않는 강같이 흐르게 할지어다(암 5:21-24).

신약을 읽어 보면, 마음이 하나님으로부터 멀어진 바리새인들과 같은 매우 종교적인 사람들이 있었다는 것을 볼 수 있다. 그들은 형식에 지나치게 치중해서 예배의 기능을 잊어버렸다. 다시 한 번 말하지만, 예배의 기능은 하나님의 계시에 반응함으로 그분께 영광과 찬미를 돌리는 것이다. 예배의 기능적인 측면을 제대로 아는 것이 대단히 중요하다. 예배가 순종과 서로 연관되어 있다는 것을 안다면 어떠한 순종적인 행위라도 주님께 영광과 찬미를 가져다줄 것임을 깨달을 수 있다. 따라서 주님께서 내가 용서받은 대로 남을 용서하라고 말씀하시면, 그 말씀에 순종함으로써 주님께 예배를 드리는 것이다. 만약 내가 형제나 자매에게 원한이 있다면 주님 앞에 제물을 드리기 전에 그 사람과 화해하지 않으면 하나님께서는 나의 제물을 받지 않으실 것이다. 그분은 이 문제에 대한 그분의 뜻을 마태복음 5장 23-24절에서 분명히 말씀하셨다. 주님께서 나더러 손을 들고 외치며, 노래 부르고 심지어 춤을 추라고 말씀하시면, 나는 이렇게 함으로 그분께 영광과 찬양을 드릴 것이다.

기도와 예배

예배와 순종에 밀접하게 관련되어 있는 또 다른 영역은 그리스도인의 삶에서 기도가 맡은 역할이다. 우리가 기도를 할 때, 그것은 하나님의 뜻이 성취되기를 바란다는 의사를 전달하는 것이다. 기도는 어원상 아버지에게 호소하는 것이 핵심이다. 비록 기도가 하나님과의 관계라는 맥락 아래 이루어진다 해도, 그 관계 자체가 중요한 것은 아니다. 오히려 기도의 본질은 곤고한 사람 편에서 그리스도 예수 안에서 우리의 모든 것을 공급하시는 하나님께 간구하는 것이다(빌 4:19). F. B. 마이어(F. B. Meyer)는 이렇게 말하였다. "가장 큰 비극은 응답되지 않은 기도가 아니라 드리지 않은 기도이다." 예수님께서도 "지금까지는 너희가 아무 것도 내 이름으로 구하지 않았다. 구하여라. 그러면 받을 것이다. 그래서 너희의 기쁨이 넘치게 될 것이다."(요 16:24, 새)라고 말씀하셨다.

『기독교 송영을 위한 주제와 변형』(*Themes and Variations for a Christian Doxology*)이라는 책의 '성령 강림을 희구하는 송영'(Epicletic Doxology)이

라는 제목이 붙은 장에서 휴즈 올리판트 올드(Hughes Oliphant Old)는 이렇게 진술한다. "에피클레시스(epiclesis)라는 단어는 '누구에게 청하거나, 호소하거나, 이야기를 거는 것'을 뜻한다. 성도가 어려울 때 하나님께 부탁하면 하나님께서는 영광을 받으신다. 하나님의 이름을 부르는 바로 그 행위 자체가 예배이다." 올드는 이렇게 말을 잇는다. "철학자들이 말하는 신은 세상의 근심을 듣고 싶어 하지 않을 수도 있다. 그러나 우리가 섬기는 분은 철학자들이 말하는 신이 아니다."[7] 우리가 하나님께 부르짖을 때 그분만이 우리의 모든 필요를 채워 주실 수 있다는 의사를 전달하는 것이다. 이것이 곧 예배이다. 우리는 그분이 없이는 아무것도 할 수 없다는 점에서 계시에 대한 우리의 진심어린 반응의 결과는 예배이다.

예배와 기도 중에 하나님께 부르짖는 법을 스스로 훈련할 수 있는 최고의 수단은 시편이다. 우리는 거기서 다윗과 같은 사람들을 만난다. 그는 우리와 똑같이 두려움으로 힘들어 했다. "주님, 나를 대적하는 자들이 어찌 이렇게도 많습니까? 나를 치려고 일어서는 자들이 어찌 이렇게도 많습니까? 나를 빗대어 하나님도 너를 돕지 않는다 하고 빈정대는 자들이 어찌 이렇게도 많습니까?(셀라)"(시 3:1-2, 새). 하지만 하나님과 그가 관계를 맺은 사실을 바탕으로 그는 마침내 이렇게 부르짖을 수 있었다. "그러나 주님, 주님은 나를 에워싸 주는 방패, 나의 영광, 나의 머리를 들게 하시는 분이시니."(시 3:3, 새) 당신은 두려워하는 가운데 하나님께서 돌보신다는 것을 알고 우리의 모든 걱정을 그분에게 맡기는가(벧전 5:7)? 우리가 그렇게 한다면 우리는 문제의 핵심을 찌른 것이다. 그것은 바로 하나님을 섬기는 것이다.

희생과 예배

예배는 하나님에 대한 우리의 반응이라고 묘사될 뿐만 아니라, 우리가 드리는 특정한 형태의 반응을 곧, 희생(sacrifice)이라고도 한다. "형제자매 여러분, 그러므로 나는 하나님의 자비하심을 힘입어 여러분에게 권합니다. 여러분의 몸을 하나님께서 기뻐하실 거룩한 산 제물로 드리십시오. 이것이 여러분이 드릴 합당한 예배입니다."(롬 12:1, 새) 우리가 매주 '예배'(worship service)에 참석하면서도 일상생활에서 이 두 단어를 서로 연관 짓지 않는다는 것이 흥미롭다. 하나님께 '예배를 드린다'(worship)는 것은 하나님을 '섬긴다'(serve)는 것이다. 예배 인도자는 바로 이 섬김과 희생의 본이 되어야 한다.

데이비드 피터슨은 이 주제에 관한 통찰력 있는 몇 가지 정보를 제시한다. "여기에서 이스라엘의 소명을 묘사하는 세 용어의 공통적인 요소(나의 소유, 제사장 나라, 거룩한 백성)는 하나님의 소유가 되는 특권을 부여받으려고 이방인들로부터 분리되었다는 점이다. 이스라엘 민족은 열방 가운데서 하나님께 특별하게 쓰임받기 위해서 하나님과의 특별하고 성별된 관계로 부르심을 받았다. 마치 제사장이 고대 사회를 섬기기 위하여 그 사회로부터 분리되었듯이, 이스라엘도 세상으로부터 분리되어 그 거리를 유지함으로 세상을 섬긴다."[8] 우리는 우리의 삶을 하나님께 거룩한 산 제사로 드리기로 결심할 때 진정한 예배를 드리게 되는 것이다.

내가 하나님께 제물을 드린다는 이 사상에 관하여 이야기를 하면서, 다시 한 번 이것이 하나님께 반응하는 법이라는 전제로 되돌아가겠다. 하나님께서 예배를 계시하시고 우리는 그분께 반응한다. 예배에 우리가 무언가를 가져와야 한다는 사상의 중대함을 알아야 한다. 랄프 마틴은 이렇게 설명한다.

> 공중 예배의 독특한 특징은 계시와 반응이라는 두 박자이다. 하나님께서 말씀하시고 우리는 응답한다. 하나님께서 역사하시고 우리는 받아들인다. 하나님께서 베푸시고 우리는 받아들인다. 이 비유의 당연한 결과로서 예배는 인간이 하나님께 바치는 것의 암호를 암시하는데, 그것은 바로 '희생'이다. 예배드리는 자는 수동적이고 아무런 움직임 없이 받기만 하는 사람이 아니라, '제물을 바치라'고 부름 받은 적극적인 참여자이다.[9]

예배 인도자로서 우리는 예배드리는 자세에 대한 모범을 보여 주어야 한다. 이를테면, 관대한 마음과 경건한 자세, 몸과 마음으로 하나님을 섬기는 것 그리고 그리스도를 위하여 온전히 사는 삶 등이다. 평신도들이 이러한 본을 본다면, 이 예배 방식에 더욱 참여하고 싶어 할 것이다. 다음 장의 주제는 예배 인도자에게 중요한 목표인 예배 참여(participation)에 관한 것이다. 즉 교인들을 어떻게 예배에 참여하게 하느냐 하는 문제를 다룰 것이다.

우리가 주일마다 모일 때 예배의 목표는 '참여'여야 한다. 이와 같이 참여는 성경적인 명령이며, 모든 예배 인도자는 이 목표를 심각하게 받아들여야 한다. 완전한 예배 인도자는 그리스도의 몸인 교인들의 참여에 의하여 궁극적으로 완성된다.

그리스도는 우리를 위하여 돌아가셨으며, 우리는 예배로 하나님께 반응하고 있는 것이다. 우리가 성찬식을 위하여 모일 때 우리는 이 의식을 함께해야 한다. 우리가 찬송가를 부를 때도 모두 함께한다. 심지어 하나님의 말씀을 읽고 공부할 때도 우리는 한 가족으로서 공부한다.

그리스도의 몸이 단결하지 않는 모습을 보는 것만큼 실망스러운 일은 없다. 그러나 교인들 사이에 예배 의식에 대한 의견이 일치하지 않는 것이 더 큰 비극이다. 왜냐하면 함께 예배드리지 않는 교회는 결국 하나님 나라를 분열시키기 때문이다.

그리스도의 몸은 함께 기도하고 찬송을 부르며, 서로에게 충고하고 함께 공부하며, 성찬식에 참여할 때 가장 잘 단결된다. 예배 인도자는 기도와 계획을 통하여 자신이 직책을 맡은 교회가 반드시 매주 합심하여 예배를 드리도록 해야 한다.

예배는 관중이 관람하는 스포츠가 아니다. 오늘날 내가 염려하는 것 중의 하나는 '예배'의 오락적인 형태(모델)이다. 찬양 밴드나 성가대가 예배에 참석한 청중들에게 즐거움을 선사하는 것이 여기서 전파하는 사고방식이다. 그런 다음에 목사가 단상 위에 올라가서 마이크를 건네받고 교대한다. 이러한 예배시간에 교인들은 한 번도 이 활동에 참여하라는 권유를 받지 않는다. 예배는 하나님의 백성인 '우리'가 행해야 하는 것임을 기억해야만 한다. "예배는 하나님께 드리는 적극적인 반응이다. 우리는 이 의식을 통하여 그분의 가치를 선포한다. 예배는 수동적인 것이 아니라 참여하는 것이다. 예배는 단순히 어떤 분위기가 아니라 일종의 반응이다. 예배는 단순한 감정이 아니라 선언하는 것이다."[1] 따라서 하나님의 선택받은 백성인 우리는 그분에 대한 찬양을 선언해야 한다. 하나님을 찬양하는 문제라면 우리는 순종하며 참여하여야 한다.

■■ 누구나 기여할 만한 것이 있다

신자들이 함께 예배를 드리는 것에 대하여 얘기할 때 내가 어떠한 이상주의를 주장하는 것이 아니라 분명한 성경적인 명령을 말하는 것이다. 사도 바울은 우리가 그리스도의 몸으로서 어떠한 기능을 수행해야 하는지를 다음과 같이 설명하고 있다.

> 내게 주신 은혜로 말미암아 너희 각 사람에게 말하노니 마땅히 생각할 그 이상의 생각을 품지 말고 오직 하나님께서 각 사람에게 나누어 주신 믿음의 분량대로 지혜롭게 생각하라 우리가 한 몸에 많은 지체를 가졌으나 모든 지체가 같은 기능을 가진 것이 아니니 이와 같이 우리 많은 사람이 그리스도 안에서 한 몸이 되어 서로 지체가 되었느니라 우리에게 주신 은혜대로 받은 은사가 각각 다르니 혹 예언이면 믿음의 분수대로, 혹 섬기는 일이면 섬기는 일로, 혹 가르치는 자면 가르치는 일로, 혹 위로하는 자면 위로하는 일로, 구제하는 자는 성실함으로, 다스리는 자는 부지런함으로, 긍휼을 베푸는 자는 즐거움으로 할 것이니라(롬 12:3-8).

사도 바울이 로마교회에 보내는 조언은 우리에게도 동일하게 적용된다. 우리는 자신에 대하여 마땅히 생각할 그 이상의 생각을 품지 말아야 한다. 이 성구의 맥락에서, 바울은 우리의 몸을 드리는 것 중 하나는 모든 지체가 자기 은사를 발휘하여 공동체에 기여할 수 있도록 허용하는 것이라고 말하고 있다. 교만과 남들보다 앞서고 싶어 하는 마음은 예배의 집회 정신(congregational spirit)을 헤칠 것이다.

사도 바울은 우리가 한 몸에 다양한 직책을 가졌다고 말하고 있다. 하나님께서 우리에게 주신 은혜대로 우리는 모두 다양한 은사를 가지고 있다. 하나님께서 디자인한 대로 서로의 은사를 사용하도록 격려하고 '허용'해야 한다. 만약 모든 지체들이 그들의 은사를 사용하도록 허용하지 않는다면, 성령의 역사를 막게 된다. 그러므로 우리는 그리스도의 몸이 은사대로 맡은 직분을 다하도록 필요한 변화를 주어야 한다.

> 몸은 하나인데 많은 지체가 있고 몸의 지체가 많으나 한 몸임과 같이 그리스도도 그러하니라 우리가 유대인이나 헬라인이나 종이나 자유자나 다 한 성령으로 세례를 받아 한 몸이 되었고 또 다 한 성령을 마시게 하셨느니라 몸은 한 지체뿐 아니요 여럿이니 만일 발이 이르되 나는 손이 아니니 몸에 붙지 아니하였다 할찌라도 이로 인하여 몸에 붙지 아니한 것이 아니요 또 귀가 이르되 나는 눈이 아니니 몸에 붙지 아니하였다 할찌라도 이로 인하여 몸에 붙지 아니한 것이 아니니 만일 온몸이 눈이면 듣는 곳은 어디며 온몸이 듣는 곳이면 냄새 맡는 곳은 어디뇨 그러나 이제 하나님이 그 원하시는 대로 지체를 각각 몸에 두셨으니 만일 다 한 지체뿐이면 몸은 어디뇨 이제 지체는 많으나 몸은 하나라 눈이 손더러 내가 너를 쓸데없다 하거나 또한 머리가 발더러 내가 너를 쓸데없다 하거나 하지 못하리라 이뿐 아니라 몸의 더 약하게 보이는 지체가 도리어 요긴하고 우리가 몸의 덜 귀히 여기는

그것들을 더욱 귀한 것들로 입혀 주며 우리의 아름답지 못한 지체는
더욱 아름다운 것을 얻고 우리의 아름다운 지체는 요구할 것이 없으니
오직 하나님이 몸을 고르게 하여 부족한 지체에게 존귀를 더하사
몸 가운데서 분쟁이 없고 오직 여러 지체가 서로 같이하여 돌아보게
하셨으니 만일 한 지체가 고통을 받으면 모든 지체도 함께 고통을 받고
한 지체가 영광을 얻으면 모든 지체도 함께 즐거워하나니(고전 12:12-24).

사도 바울은 고린도교회에게 그들이 상호 의존하고 있음을 알 필요
가 있다고 또다시 강조하고 있다. 그리스도의 몸 중에 '가장 하찮아 보
이는' 지체가 실제로 '가장 귀하다.' 나머지 지체는 그 지체의 기여 없이
구실을 제대로 다할 수 없다.

지체의 각 부분을 만드신 분은 하나님이시다. 그리고 각 지체에게
은사를 주신 분도 하나님이시다. 하나님께서 사도들과 선지자들 그리
고 설교자들을 임명하셨다. 우리는 모두 똑같은 은사를 가지고 있지 않
다. 그렇지만 우리 모두는 그리스도의 몸에 속한 다른 지체들과 함께
우리의 은사를 '사용'해야 하는 동일한 의무가 있다.

모든 사람들이 예배에 나올 때 기여할 것이 있어야 한다는 것이 핵
심적인 생각이다. 우리가 성경말씀에서 얼마나 멀어졌는지 모른다! 하
나님의 백성들이 예배시간에 기여하지 않고 수수방관하는 동안 우리
단상 위에는 오히려 연예인들이 있고, 슈퍼스타들이 찬양을 인도하며,
전문가들이 시각 예술을 담당하고 있다. 우리는 얼마나 멋진 쇼를 선보

일 수 있는가! 그렇지만 교회는 전문가들이 공연하는 것을 보러 가는 서 커스가 아니다. 교회는 성도들이 예배시간에 나와서 참여하는 곳이다.[2] 미국에서 예배는 시대의 유행에 사로잡힌 포로 신세가 되었다.

■■ 소비주의라는 유행

소비자의 관심사를 선동하는 소비주의(Consumerism) 또한 우리 교 회를 오염시켰다. 우리는 종교를 소비한다. 설교부터 이 문제가 심각하 다. 사람들은 주일마다 멋진 설교를 하는(홈런을 치는) 목사가 있는 교회 에 참석하고 싶어 한다. 미국에서 폭발적으로 성장하는 교회가 강력한 설교사역을 가지고 있다는 것은 우연이 아니다. 그렇다고 강한 설교사 역을 반대하는 것은 아니다. 오히려 모든 교회에 강력한 설교사역이 있 어야 한다. 내가 도전을 주고자 하는 것은 교회 좌석에 앉아 있는 사람 들의 태도이다. 만약 어느 특정한 날에 설교의 질이 떨어진다면 그들은 아마 그 교회에 다시는 오지 않을지도 모른다. 사람들은 서비스(service) 를 원한다. 아니면 릭 워렌 목사님이 '우리를 섬기라'(serve-us)고 칭한 것 이 더 적절할 것이다.

사람들이 또 다른 방식으로 섬김을 요구하는 것은 음악 분야이다. 사람들은 교회의 질을 그곳의 음악 프로그램으로 평가한다. 그들은 오르간이나 성가대가 없으면 예배를 드릴 수 없다. 찬양 밴드와 함께하는 40분 동안의 연속적인 찬양 시간이 없으면, 그들은 예배를 드리지 못한다. 이것은 말도 안 되는 소리이다! 이것이 바로 미국의 소비주의이다.

1985년에 나는 콘티넨털 싱어즈와 로마니아를 방문 중이었다. 우리 사명은 그 당시에 공산주의 국가였던 로마니아에 있는 그리스도의 지체들을 격려하는 것이었다. 우리 예배는 대부분 허가를 받지 못한 비밀 집회였다. 거기서 우리는 일상적으로 먼저 우리가 묵는 유스호스텔에서 어떤 안내인으로부터 노크를 받는다. 그런 다음에 밴을 타고(우리를 초청한 측의 내국인에 의하여 인도되어), 한 구역을 운전해서 지나가다 우회전해서, 어느 골목길을 타고 내려간다. 그 후 밴에서 내려서 우리를 미행 중이던 공무원들을 따돌릴 의도로 약 400m를 걸어서 마침내 수백 명의 로마니아 성도들이 모여 있는 건물에 도착하는 것이었다.

아직도 그 장면이 머리에 생생하다. 여기에서 청년들과 아이들, 노인들 그리고 노동자 가족들이 모두 함께 다양한 악기들(만돌린, 기타, 플루겔호른, 바이올린)을 치며 큰 목소리로 하나님께 찬양을 부르며 주님을 섬기고 있었다. 몇몇 찬송가들은 낯익었다. 내 기억으로 그들이 로마니아어로 부르던 노래 중에 하나는 "주의 친절한 팔에 안기세"였다. 그들이 무시무시한 독재자의 핍박을 받고 있었기에 그 노래는 의미심장하였으며 진한 감동이 배어 있었다.

무엇보다도 나에게 깊은 인상을 주었던 것은 이 신자들의 참여도였다. 그들은 모두 무언가를 하고 있었다. 그곳에는 한 명도 소비만 하고 있지 않았으며, 오히려 모두 온 마음으로 참여하고 있었다. 바로 미국 교회에는 이 점이 너무나 부족하다.

■■ 방관주의적 태도(The trend of Spectatorship)

방관주의적인 태도는 소비주의와 비교할 수 있다. 근본적인 차이점은 소비주의는 공리주의에 의하여 이끌리며, 방관주의적 태도는 오락에 의하여 이끌린다는 점이다. 우리는 최상의 대우를 받기 원할 뿐만 아니라 즐거움을 선사 받고 싶어 한다.

방관주의적 태도는 또한 스포츠와 스포츠 경기를 숭배하는 나라에 의하여 주도된다. 우리는 미식축구 경기를 즐기며, 우리가 좋아하는 팀들이 우승을 위하여 경쟁하는 것을 구경하기 좋아한다. 우리는 슈퍼볼(미식축구 결승전)이나, 월드 시리즈, 스탠리컵(미국 하키 결승전) 또는 NBA 플레이오프를 즐겨 관람한다. 그러나 지역 교회는 관중들이 모이는 장소가 아니다. 교회는 대형 경기장이나 무대가 아니다. 교회는 그리스도의 몸이 움직이도록 힘을 주는 살아 있는 생명체이다.

그러나 교회가 여러 방면에서 실제로 스포츠를 연상시키는 것도 사실이다. 충분히 일을 하지 않은 교구민들이 관람석에서 응원하고 있는

가운데, 과로로 지친 목사들이 경기장에 나가 있다. 교회는 브로드웨이 뮤지컬이라기보다는 전쟁을 준비하는 군인들로 구성된 군대 같아야 한다. 우리는 모두 빛과 소금이 되기 위하여 우리 역할을 다해야 한다.

완전한 예배 인도자가 되려면 우리 예배시간에 참여하는 사람들을 모두 동원하지 않으면 안 된다. 그런데 어떻게 하면 그들이 참여하도록 할 수 있을까?

■■ 사람들이 예배에 참여하도록 하기

광고

참여는 사람들이 당신의 교회에 도착하기 전부터 시작된다. 자동응답기에 교회에 대한 정확한 정보가 전화로 제공되는가? 전화번호부에 교회의 예배 시작 시간에 대한 정보가 분명히 나와 있는가? 전화번호부에 낸 우리 교회 광고를 보고 얼마나 많은 신자들이 우리 교회당을 찾아왔는지 말로 표현할 수 없을 정도였다. 전화번호부의 중요성을 과소평가하지 마라.

당신의 교회 현수막은 정확하고 간결한 정보를 제공하는가? 나는 공동체를 위하여 예배시간에 관한 정보를 제공하는 대신에 근사한 표어를 위하여 사용된 현수막을 본 적이 있다. 방문객들은 언제 예배가 시작되는지 알 필요가 있다. 불필요한 정보를 읽는 것은 마치 전화를 걸었는데, 자동 응답기에서 긴 인사말이 흘러나오고 메시지를 남기기 위해서 몇 초 동안 기다려야 하는 것과 같다. 사람들의 시간을 낭비할 때마다 예배를 드리는 사람들을 받아들일 가능성을 그만큼 상실하는 것이다.

당신의 사유재산에 교회당까지 어떻게 가야 하는지 알려 주는 도로 표지판이 있는가? 사람들이 예배가 몇 시에 시작하는지 아는가? 또한 라디오와 TV, 신문광고 또는 인터넷 홈페이지로 당신의 교회를 어떻게 홍보할 수 있는지 생각해 보라. 당신의 교회에 예배드리려는 사람들을 초청하려 할 때, 미처 생각하지 못했던 세부 사항들로 인하여 환대할 여유를 갖지 못하게 된다.

교회 안내원들

당신의 교회에서 가장 따뜻하고 사교적인 사람들이 교회 현관에서 방문객들을 맞이해야 한다. 당신이 인식하든 못하든지 간에, 첫 대면에서 일어나는 일로 사람들은 예배시간에 참여하거나 참여하지 않는 여부를 결정한다.

호텔 사업에서는 안내데스크 담당이 가장 많이 훈련을 받는다. 호텔 방문객들이 따뜻하고 친절한 사람들과 마주친다면 그들은 나중에도 다시 방문할 가능성이 있기 때문이다. 교회도 마찬가지이다. 교회 방문객들은 친절하게 맞이하는 사람들을 만나야 한다.[3] 그들은 이러한 대접으로 인하여 예배시간에 예배를 드릴 수 있는 힘을 얻을 것이다. 우리는 따뜻하고 친절한 교회 안내원의 중요성을 과소평가할 수 없다.

안내원들은 방문객들이 묻는 질문에 언제든지 답변할 수 있어야 한다. 젊은 어머니가 예배당에 들어와서 유아실이 어디 있는지 물어보면 그 안내원은 바로 유아실의 위치를 알려 줄 수 있어야 한다.

교회 안내원들은 또한 사람들이 함께 그리고 좀 더 단상에 가까이 앉도록 함으로 좀 더 나은 예배 참여 분위기를 조성하도록 노력해야 한다. 사람들이 서로 가까이 있을 때 더 크게 찬양하며 예배에 좀 더 참여할 수 있다는 것이 내가 관찰하면서 얻은 견해이다.

안내원들은 예배를 드리는 사람들에게 도움을 줄 만한 교회 주보를 제공해야 한다. 만약 주보가 주일 아침 신문으로 쓰인다면 오히려 예배에 참여하는 데 방해 요인이 될 수 있다. 주보가 예배 참여를 유발하기 바란다면, 당신의 교회 주보에서 불필요한 내용을 빼라. 물론 이렇게 하는 것은 안내원의 책임이 아니라 예배 인도자의 책임이다. 주간 공지 사항을 알릴 수 있는 좋은 해결책은 그것들을 사람들이 집어 갈 수 있는 교회 정보센터에 비치하는 것이다.[4] 아니면 예배시간 전이나 후에 파워포인트로 공지 사항을 게시해 놓을 수 있다.

담임목사님의 역할

예배시간에 교인들이 참여하기 위해 다음으로 필요한 것은 담임목사님의 따스함이다. 목사님이 예배에 앞서 말을 몇 마디를 하거나, 예배 시작을 공식적으로 선언하거나, 아니면 방문객들을 공식적으로 환영하면, 그들은 마음이 더 편안해지고, 예배에 참여할 가능성이 더 높아진다. 또한 담임목사님이 당신의 교회에서 받아들일 수 있는 에티켓을 정할 수 있다. 예를 들어서, 길위의교회(Church on the way)를 담임하시는 잭 헤이포드 목사님은 주님께 찬양을 드리거나 자신을 바치기 위하여 손을 드는 것은 성경적이라고 자주 말씀하신다. 그는 주님께서 용납하시는 찬양이 무엇인지를 사람들에게 부드럽게 알려 준다. 이렇게 하면 담임목사님이 회중 예배에 대하여 적극적이고 열려 있다는 인상을 사람들에게 전달해 준다.

단상에서 예배 참여의 모범을 보이기

예배 인도자는 단상 위에서 예배 참여의 본을 보여야 한다. 당신은 두 가지를 선택할 수 있다. 시편 150편의 지시(가능한 한 다양한 악기로 주님께 찬양을 드리는 것)를 따르거나 본인이 공연을 주도하는 것이다. 어떤 교회에서는 녹음실에서 작업하는 전문 음악가들만 단상 위에서 연주한다. 여기에 균형이 필요하다. 아마추어 밴드가 예배를 이끄는 것을 원하지 않더라도 모든 사람들이 참여할 수 있는 곳을 찾아야 한다. 여기에 달란트에 관한 비유가 적용될 수 있다고 생각한다(마 25:14-30). 어떤 사람들은 목소리에 다섯 달란트가 있고 어떤 사람들은 한 가지 달란트밖에 없을 수 있다. 다시 말하자면, 사람들이 서로 다른 음악적 능력을 갖고 있을 수도 있다. 당신의 교회 안에 음악적 재능의 다양성을 인정하고 설비를 제공해 주라. 당신의 가수들 중에 어떤 사람들은 전문 음악가들이고, 어떤 사람들은 악보조차 읽지 못하는 사람들일지도 모른다. 그러나 주님을 향한 열정이 있는 사람들이라면 누구든지 참여하도록 격려해야 한다.

내가 이 문제를 대처했던 한 가지 방식은 각 개개인의 재능에 알맞은 배치를 위하여 앙상블(ensembles)을 편성하는 것이다. 내가 이끄는 성가대에서는 누구나 노래를 부를 수 있다. 찬양 팀에서는 좀 더 전문성이 있는 목소리를 가진 사람(현대적인 표현 방식으로 노래하기, 다양한 음악 스타일에 대한 적응력, 훌륭한 인토네이션, 당김음이 있는 박자를 부를 수 있는 능력 등)만 노래를 부를 수 있다. 노래를 부르는 사람들 중에 누구나 이 앙상블에서 노래할 수는 없다. 그러나 모두 어느 정도 수준에서 참여는 할 수 있다.

모든 사람들이 참여하도록 할 수 있는 또 다른 예는 비공식적인 오디션을 여는 것이다. 최근에 우리 교회 중학생 중에 한 명이 드럼을 치고 싶다고 나를 찾아온 적이 있다. 내가 그를 오디션했을 때(재즈 스윙,

라틴 비트, 락 비트, 느린 노래 등 다양한 스타일의 음악을 연주해 보라고 했다), 그 학생은 손발의 조화와 박자의 영역(타악기 연주자에게 가장 중요한 요소)에서 성장해야 할 필요가 있었다. 그 당시에는 그가 드럼을 연주하도록 할 수 없었다. 대신에 카바사나 탬버린과 같은 다른 타악기를 연주할 수 있다고 했다. 그리고 개인 교습을 받아보라고 격려해 주었다. 그는 나의 제안을 받아들였으며, 언젠가 우리 교회의 주요 드러머가 될 것이다. 누구든지 단상 위에 참여할 곳이 있다. 그리스도 안에서 '함께하는 삶'의 회복이라는 본회퍼(Bonhoeffer)의 명언을 인용하자면, 한 사람이 음악의 대가로서 공연을 도맡아서 하는 '목사의 독점'으로부터 우리 예배를 공동 운동으로 정착시키고 현대 교인들을 구하려면 아직도 가야 할 길이 멀다.[5]

사람들이 우리 교회에 들어설 때마다 너무나 많은 사람들이 단상 위에서 예배를 인도하고 있는 것을 보고 놀라워한다. 우리는 대형 교회가 아니라는 점을 분명히 강조하고 싶다. 더 정확히 말하자면 우리는 참여도가 높은 교회이다. 우리는 모두가 참여할 수 있는 환경을 제공한다.

당신이 단상 위에서 예배 참여의 본을 보여 줄 수 있는 또 다른 방법들로는 손뼉치기, 손을 높이 들기 그리고 그 외에 예배를 위한 신체적인 표현을 들 수 있다. 당신도 단상 위에서 무엇을 하거나 하지 않음으로 당신의 교회에서 용납될 수 있는 예배 에티켓이 무엇인지 전달하는 것이다. 당신이 손을 높이 드는 것을 본다면, 다른 이들도 그렇게 할

완전한 예배 인도자

마음이 생길 것이다. 찬양 팀의 일원들이 주님을 향해 사랑을 표현하는 것을 교인들이 본다면 그들도 이렇게 할 것이다. 교인들은 단상 앞에서 예배에 용납되는 표현들에 관한 힌트를 얻을 것이다.

분명하게 설명해 주라

사람들이 예배에 참여하기를 바란다면, 교인들에게 무엇을 해야 하는지 알려 주라. 찬송가를 부른다면 그들이 몇 절을 부르기를 바라는지 말해 주라. 합창을 부른다면, 당신이 본 가사만 부르기 바라는지 아니면 후렴구만 부르기 바라는지 성도들이 분명히 알게 하라.

그 두 가지 사이의 흐름을 깨뜨리지 않고 이것을 할 수 있는 여러 방법이 있다. 당신의 의도를 주보에 나열해서 교인들에게 지시 사항이 거기에 쓰여 있다는 것을 알게 하라. 오버헤드프로젝터(OHP)나, 슬라이드 또는 파워포인트를 사용하고 있다면, 그 지시 사항을 화면에 비치게 함으로 교인들이 알게 할 수도 있다.

사람들이 직관적으로 어떻게 해야 하는지를 알고 있는 환경에 있다면, 사람들이 예배 분위기를 불러일으킬 수 있는 교회가 있다는 것에 대하여 하나님께 감사드려라. 이와 반대로 내가 다니는 교회와 같은 곳에 출석하고 있다면, 사람들은 무엇을 해야 하는지를 알고 싶어 할 뿐만 아니라 방문객들도 자신을 포함시키려는 노력에 감사할 것이다. 절대로 사람들이 본능적으로 무엇을 해야 하는지 알고 있다고 기대하지 마라.

부르기 쉬운 노래를 선정하라

새로운 음악과 옛날 음악을 사용할 때 균형을 맞추는 문제에 있어서 잭 헤이포드 목사님의 지혜가 무척 도움이 된다는 것을 발견했다. 새로운 노래를 소개할 때 중요한 요소 중에 하나는 낯익은 노래를 먼저 들려주는 것이다. 잭 헤이포드 목사님의 말씀을 들어보라.

사람들을 새로운 것으로 압도시키지 마라. 우리 교회는 낯익은 음악으로 예배를 시작한다. 예를 들자면, "주 예수 이름 높이어"(찬송가 36장) 또는 "거룩 거룩 거룩"(찬송가 629장)과 같은 찬송가로 시작한다. 우리는 예배의 새로운 차원을 체험하도록 사람들을 발전시킬 때마다 즉시 그들이 익숙한 곡으로 되돌아온다. 그러니까 나는 서로 손을 잡고 새로운 노래를 부르라고 지시한 다음, 서로의 손을 놓고 전통 찬송가를 부르라고 할 것이다. 예배시간이 그들이 이미 익숙한 요소를 담고 있다면 … 사람들은 예배의 새로운 표현을 더욱 즐긴다. 또 다른 경계선을 나는 '양의 지수'(quantity quotient)라고 부른다. 사람들은 새로운 것을 받아들이는 데 한계가 있다. 너무나 지나친 것은 과중한 짐이 된다. 우리는 그들이 편안함을 느끼는 영역 안에서 움직여야 한다. 그러면서 그 영역의 경계선을 점차 넓혀야 한다.[6]

솔직히 말해서 나도 이 문제로 힘들어 한다. 나는 계속 배우고 성장하며, 발전시키는 것을 즐긴다. 새로 갓 만들어진 자료를 시도해 보는 것을 무척 좋아한다. 아마 내 안에 혁신자가 있기 때문일 것이다. 그러나 내가 인도하는 사람들은 끊임없는 변화를 감당할 수 없다. 우리가 아무것도 바꾸지 않는다면, 정체할 것이다. 반대로 너무나 많은 것을 지나치게 빨리 바꾸면 혼란을 야기할 것이다. 점진적인 변화로 균형을 잡아야 한다. 우리는 모두 본능적으로 습관의 동물이다. 그것이 꼭 좋거나 나쁜 것은 아니다. 본래 그렇게 만들어진 것이다. 우리는 낯익은 것을 계속 사용하면서 새로운 것을 소개함으로 균형을 찾을 수 있다.

교인들이 쉽게 부를 수 있는 노래들을 선정하라. 나는 최고음부 밑에 있는 중앙 다음(middle C)에서 오선 안에 있는 라음(D)까지가 알맞은 범위라는 것을 발견했다. 노래의 음조는 상관없다. 중요한 것은 선율이다. 당신의 교회가 마음(E)이나 그 보다 높은음을 계속 부른다면, 그들에게 무척 힘들 것이다. 중앙 다음 아래 음이 너무나 많아도 불편할 것이다. 우리 목표는 사람들이 노래를 부르도록 하는 데 있다는 것을 명심하라.

지나치게 당김음이 많은 박자를 가진 노래들을 소개한다면 당신의 교인들은 좌절에 빠질지도 모른다. 이러한 것은 교인들의 인종과 많은 연관성이 있다. 당신이 당김음이 많은 살사(Salsa)라는 전통 음악이 있는 푸에르토리코 주민들의 공동체에서 예배를 인도한다면 별 어려움이 없을 것이다. 아니면 미국 흑인 공동체에서 예배를 인도한다 하더라도 별다른 어려움이 없을 것이다. 스페인계 또는 흑인 음악은 보통 당김음으로 구성되어 있다는 것을 나는 경험으로 안다.

많은 교회에서는 교인들이 찬송가를 부르는 데 익숙해져 있으면 당김음이 많은 박자를 부르는 데 어려움을 겪을 것이다. 왜냐하면 찬송가는 선율이 오프비트(offbeat, 재즈의 4박자 곡으로 강세를 붙이지 않는 박자—역주)에서 끝나는 것이 아니라, 박자에서 보통 시작되거나 끝나기 때문이다. 그렇다고 내가 당신이 당김음이 많은 음악을 절대로 부를 수 없다고 한다고 오해하지는 마라. 단지 많은 예배 인도자들이 노래를 선정하는 문제에 있어서 지혜가 필요하다는 것을 말하는 것뿐이다.[7]

또한 노래를 소개할 때는 선율도 고려해야 한다. 부르기 쉬운 선율과 어느 정도 쉬운 당김음으로 된 박자로 된 곡이 있다면, 목표를 달성하기가 훨씬 쉬울 것이다. '모두'가 참여하기를 바란다면 당신이 음악을 선정할 때 모든 사람들을 고려해 볼 필요가 있다. 당신이 소개하는 노래들을 배우려고 애쓰는 음악적 재능이 없는 사람들도 생각해 보아야 한다.

"사운드 오브 뮤직"과 "오클라호마"와 같은 뮤지컬이 수년 동안 그렇게 유명했던 이유는 뮤지컬이 끝나고 난 뒤에도 당신의 머릿속에 오랫동안 남아 있는 선율 때문이다. 공중 예배에 부를 노래를 선정할 때도 이러해야 한다. 기억하기 쉬운 선율을 가진 노래를 선정하거나 작곡

완전한 예배 인도자

하라. 당신이 어떤 노래를 선정했는데, 그 다음 주에 사람들이 그 노래가 머릿속에서 떠나지 않는다고 한다면 성공한 것이다.

박자 상에서 효과가 있는 노래를 찾으려면 그 곡의 음절 구분을 살펴보라. 노래는 시를 음악으로 만든 것이다. 우리는 시에서 가사와 박자가 둘 다 중요하다는 것을 알고 있다. 노래에서도 마찬가지이다. 가사는 무언가를 의미해야 한다. 또한 이러한 단어들을 박자가 있는 방식으로 배열해야 한다. 이렇게 하면 선율이 더 부르기 쉬워질 것이며, 곧 교인들에게 참여할 수 있는 용기를 불어넣을 것이다.

예배의 흐름을 만들어라

당신의 교인들이 참여하도록 할 수 있는 다음 방법은 어느 정도 조화가 있는 예배시간을 만들라는 것이다. 개신교의 예배시간은 틈과 끊김이 너무나 많다. 사람들의 마음은 하나님으로부터 다음 주에 있을 행사로 가 있다. 광고, 헌금, 찬송, 설교, 간증과 같은 모든 예배 요소들은 한데 묶여야 한다.

예배를 한데 묶는 이상적인 방법은 주제별로 하는 것이다. 담임목사가 설교 계획의 대체적인 윤곽을 잡으면, 음악 인도자는 설교를 보충하는 음악과 드라마, 간증 그리고 성경말씀을 짤 수 있다. 주제로 접근하는 것은 추진력을 얻는 데 아주 좋은 방식이다. 또한 나는 예배시간의 감정 흐름에 대해서도 생각해 볼 것이다. 모든 것이 똑같은 에너지 수준으로 유지될 때 사람들은 지루해진다.

예배를 음악적으로 구성하는 것이 흐름을 돕는다. 빠른 노래에서 느린 노래로 왔다 갔다 하지 마라. 빠른 노래를 한데 묶고 보통 속도의 노래를 함께 부르며, 느린 노래를 한데 모아 두라. 그러나 에너지가 떨어지기 시작하면 변화를 주라. 같은 음조의 노래를 두세 개 정도 부르다가 마지막 노래에서 완결성을 주기 위하여 반음 또는 한 음 정도 음조를 바꾸라. 예배 찬송의 음표와 박자 그리고 가사를 알아 두라. 또한 노래가 교인들이 부르기에 지나치게 높이 올라가지 않도록 주의하라. 기도 시간이나 즉흥 노래 시간을 위하여 적절하게 음조를 바꾸는 법과 개방형 코드 전환법을 익혀 두라. 대부분의 경우에 예배 흐름이 끊기는 것은 기획과 훈련이 부족하기 때문이다.[8]

하나님을 알고자 하는 갈망을 심어 주라

예배 참여는 궁극적으로 마음의 문제이다. 당신의 교인들이 예배 의식에 참여하기를 정말로 바란다면 그들이 넘쳐흐를 정도로 성령 충만하게 해 달라고 기도해야 한다. 그들이 예수 그리스도에게 찬송을 드리려면 그분에게 헌신되어 있어야 한다.

성도들이 예배의 생활 방식에 참여하려면, 예수님을 향한 마음을 품어야 한다. 그렇지 않다면 당신이 예배시간에 쓰고자 하는 모든 장치는 단지 속임수의 수준으로 떨어질 것이다. 당신의 교회가 필요로 하는 것은 단지 어떤 자극이 아니라, 주 예수 그리스도를 향한 열정이다. 수많은 부흥 운동에서 내가 감탄하는 점은 거기에 속한 사람들이 주님을 진심으로 갈망했다는 것이다. 그들은 하나님의 선하심과 성령으로 가득 찰 수 있는 현실을 더 알고 싶어 하기 때문에 그러한 교회에 나온다. 엘렌과 보러는 이 현상을 다음과 같이 너무나 잘 묘사한다.

> 끊임없는 재발견을 요구하는 듯한 가르침은 예배가 주로 예술의 형태가 아니라 마음의 상태라는 사실이다. 마음의 상태라는 것은 신자의 예배 생활 뒤에 견인차 역할을 하는 갈망을 뜻한다. 신구약성경에서 성경말씀은 마음의 상태에 관한 진술에 대하여 분명하다. "내가 오늘 당신들에게 명하는 이 말씀을 마음에 새기고."(신 6:6, 새)
> "내 몸과 마음이 다 시들어 가도, 하나님은 언제나 내 마음에 든든한 반석이시요, 내가 받을 몫의 전부이십니다."(시 73:26, 새)
> "그 무엇보다도 너는 네 마음을 지켜라. 그 마음이 바로 생명의 근원이기 때문이다."(잠 4:23, 새)
> "사람은 마음으로 믿어서 의에 이르고, 입으로 고백해서 구원에 이르게 됩니다."(롬 10:10, 새)
> "그러니 우리는 확고한 믿음을 가지고, 참된 마음으로 하나님께 나아갑시다."(히 10:22, 새, 예배의 완벽한 성경적 정의)

마음이 하나님께 향해 있다면, 진정한 예배는 외부적인 자극에 달려 있지 않고, 끊임없이 발전하고 있을 것이다. "쉬지 말고 기도하라."와 "주와 그분의 능력을 구하라. 그분의 얼굴을 끊임없이 사모하라." 또는 "말에나 일에나 무엇을 하든지 다 주님의 영광을 위하여 하라."와 같은 권고가 그들의 원래 의도된 뜻을 전할 것이다. 이것은 곧 인생 전체가 예배가 된다는 것을 의미한다. 그리스도인들이 이러한 삶의 방식을 충실히 실천하고 있었다면, 공중 예배는 위대한 축복이 아닐 수 없다. 왜냐하면 이것은 수일(수주 또는 수개월) 전에 시작된 예배 의식의 연속일 뿐이기 때문이다.[9]

나는 예배 인도자로서 우리 교인들이 그리스도를 향한 마음을 갖게 해 달라고 늘 기도한다. 나는 하나님 아버지께서 지역 교회에 있는 우리에게 그분을 좀 더 알고자 하는 갈망을 달라고 계속해서 간구하고 있다. 나의 교회에 소속된 사람들은 이 사실을 안다. 예배시간에도 똑같은 기도를 하는 경향이 있기 때문이다. 예배시간에 기도할 때마다, 시편 42편의 첫 두 구절을 기도하고 있는 내 자신을 발견하게 된다. "하나님이여 사슴이 시냇물을 찾기에 갈급함 같이 내 영혼이 주를 찾기에 갈급하니이다 내 영혼이 하나님 곧 살아 계시는 하나님을 갈망하나니 내가 어느 때에 나아가서 하나님의 얼굴을 뵈올까." 오 하나님, 그분만을 위한 갈망을 우리에게 주소서. 오 하나님 발밑에서 매일 예배를 드리리다.

하나님을 우리 마음으로 섬기는 측면을 생각해 볼 때 나는 사마리아 여인이 떠오른다. 생명수에 대하여 대화를 나누는 가운데 사마리아 여인은 예배의 '장소'에 대하여 예수님께 질문한다. 여기서 요한복음 4장에 나오는 사마리아 여인과 예수님의 대화에 초점이 맞추어진다. 사마리아인들은 그리심산에서 예배를 드렸고 유대인들은 예루살렘에서 예배드리는 데 익숙했다. 예수님께서는 여인의 질문에 이렇게 대답하셨다. "여자여, 내 말을 믿어라. 너희가 아버지께, 이 산에서 예배를 드려야 한다거나, 예루살렘에서 예배를 드려야 한다거나, 하지 않을 때가 올 것이다."(새) 그리고 예수님께서 말을 이으신다. "참되게 예배를 드리는 사람들이 영과 진리로 아버지께 예배를 드릴 때가 온다. 지금이 바로 그때이다. 아버지께서는 이렇게 예배를 드리는 사람들을 찾으신다."(새)

사마리아 여인의 질문에 대한 답변으로 예수님께서는 예배가 올바른 장소에 관한 문제가 아니라, 올바른 관계에 관함 것임을 암시하셨다. 당신이 하나님 아버지와 관계를 맺고 있지 않다면 예루살렘에 가더라도 하나님을 만나지 못할 것이다. 반면에 하나님과 관계를 맺고 있다면 그리심산이나 예루살렘, 심지어 뉴욕에서도 예배를 드릴 수 있다. 예배는 본질적으로 하나님과 당신의 관계에 달려 있다. 그러므로 예배는 삶의 방식에 관한 것이다. 척 크래프트(Churck Kraft)는 이 점을 강조하기 위하여 훌륭한 단편 이야기를 들려준다.

공공장소에서 두 남자가 성경구절을 읽으라는 부탁을 받았다. 그중에 한 사람은 훌륭한 연설가였고 한 사람은 시골 교회 목사였다. 한 사람은 화려한 웅변조로 말씀을 낭독했으며, 또 다른 사람은 감정과 열정을 실어서 말씀을 읽었다. 그렇다면 왜 목사님이 읽은 것이 연설가가 낭독한 것보다 청중들에게 감명을 주었느냐고 물었다. 답변은 이러했다. 왜냐하면 연설가는 그가 읽은 성경구절을 지식적으로 알고 있었고 하나님과 형식적인 관계만 맺고 있었지만, 그 목사는 성경말씀의 저자를 좀 더 색다른 방식으로 알고 있었기 때문이다.[10]

ⓟ 단원 요약

우리가 어디서 예배를 드려야 하는가 하는 질문을 생각해 볼 때, 시편 133편의 말씀이 떠오르지 않을 수가 없다. "보라 형제가 연합하여 동거함이 어찌 그리 선하고 아름다운고 … 거기서 여호와께서 복을 명령하셨나니 곧 영생이로다." 그리스도의 몸이 하나님 아버지께 예배를 드리기 위하여 함께 모일 때 그 교회에는 엄청난 축복이 임한다.

따라서 장소에 관한 질문에 이렇게 부분적으로 답할 수 있다. 예배는 교회에서 교인들과 함께 드려야 한다. 우리는 주일마다 그리스도에게 예배를 드리기 위하여 다른 그리스도인들과 함께 모일 수 있는 축복을 받았다. 우리가 이렇게 함께 모일 수 있는 것은 실로 엄청난 축복이다.

9장

예배팀 구성하고 이끌기

이 장은 우리 교회에서 주님이 성취하도록 해 주신 것에 대한 간략한 자서전이다. 헌신된 음악가들로 구성된 그룹을 결성하려 할 때 쉬운 해답은 없다. 그렇지만 다음에 나오는 아이디어들이 당신이 처한 환경에서 강력한 예배사역을 이루는 데 기여할 것이다.

■■■ 기도: 주님께 의지하기

주님께서는 기도를 통하여 그분에게 어떻게 의지해야 하는지를 나에게 가르쳐주셨다. 내가 그분의 인도하심을 먼저 구하지 않고 계획과 전략을 세울 때마다 그분께서는 내가 계속해서 실패하도록 내버려 두셨다(잠 3:5-6). 나는 무엇을 하기 전에 반드시 기도를 해야 했다.

예수님께서는 요한복음 16장 24절에서 이와 같이 말씀하고 계시다.

"지금까지는 너희가 아무것도 내 이름으로 구하지 않았다. 구하여라. 그러면 받을 것이다. 그래서 너희의 기쁨이 넘치게 될 것이다."(새) 예수님께서는 우리가 구하지 않기 때문에 아무것도 가진 것이 없다고 말씀하신다. 이 말씀은 그분의 가르침에서 계속 반복된다. 마태복음 7장 7-8절은 다음과 같이 말씀하신다. "구하여라, 그리하면 하나님께서 너희에게 주실 것이다. 찾아라, 그리하면 너희가 찾을 것이다. 문을 두드려라, 그리하면 하나님께서 너희에게 열어 주실 것이다. 구하는 사람마다 얻을 것이요, 찾는 사람마다 찾을 것이요, 문을 두드리는 사람에게 열어 주실 것이다."(새)

5년 전부터 나는 이 성경구절이 지시하는 것을 실천하기 시작하였다. 한 일화를 들자면, 나는 드러머를 절실히 구하고 있었다. 그런데 내가 게시판에 구인 광고를 낼 때마다 아무런 응답이 없었다. 나는 교인들에게 주변의 가족이나 친구들 중에 드럼을 치는 사람이 있는지 물어보았다. 그러나 아무도 드러머를 알고 있지 않았다.

그래서 주님께 드러머를 달라고 기도하기 시작했다. 나는 음악가들에게 드러머를 보내 달라고 합심해서 기도하자고 제의했다. 우리는 예행연습 시간 전에 그리고 연습을 마친 후에도 기도를 드렸다. 또한 주님께 감사드리기 시작했다. 왜냐하면 그분은 결국 우리에게 드러머를 주실 것이며, 오묘하고 큰 소리 나는 제금으로 찬양을 받는 것이 하나님의 뜻이라는 것을 알았기 때문이다(시 150:5; 요일 5:14-15).

우리가 이렇게 기도하기 시작한 지 4개월 만에 우리의 첫 드러머가 나타났다. 하나님은 드러머를 보내셨을 뿐만 아니라 아주 기교가 뛰어난 음악가를 보내 주셨다. 하나님께서 기도를 응답해 주신 것이다.

매년 가을 분기마다 성가대원들을 모집할 때, 하나님은 이 교훈을 다시 보여 주신다. 내가 전화를 걸어 사람들에게 성가대에 들어오겠냐고 물어볼 때마다 받는 응답은 항상 똑같다. "이번 분기에 성가대에 참여하기에는 너무나 바빠요." 그러면 나는 성가대를 갖지 못할 것이라고 불안해 하며 걱정하기 시작한다. 그럴 때면 하나님이 하신 말씀이 떠오른다. "아무것도 염려하지 말고, 모든 일을 오직 기도와 간구로 하고, 여러분이 바라는 것을 감사하는 마음으로 하나님께 아뢰십시오. 그리하면 사람의 헤아림을 뛰어넘는 하나님의 평화가 여러분의 마음과 생각을 그리스도 예수 안에서 지켜 줄 것입니다."(빌 4:6-7, 새)

우리가 예배 팀을 구성하고 이끌기 위해서는 기도가 우선시되어야 한다. 우리는 하나님을 향한 마음을 가진 사람들을 꼭 보내 달라고 그분께 구해야 한다. 그리고 다음 주일 알맞은 찬양을 선정할 수 있도록 지혜를 달라고 기도해야 한다. 우리는 어느 때든지 기도를 해야 한다.

■■ 음악가들은 음악가들을 끌어들인다

예배 팀을 구성하고 이끄는 데 유념해 두어야 할 다음 원리는 음악가들은 음악가들을 끌어들인다는 점이다. 우리는 원하는 사람을 끌어들이는 것이 아니라, 우리 자신과 같은 사람들을 끌어들인다. 다른 말로 하자면, 당신이 원하는 대로 예배 팀을 정의할 수는 있지만 누군가를 앞에 실제로 내세우기 전까지는 결코 음악가들을 끌어들이기 시작할 수 없다는 것이다.

좀 더 많은 성가대원들을 모집하고 싶다면 그들을 연습실이 아닌 단상에 세워야 한다. 사람들이 성가대가 존재한다는 것조차 모른다면 성가대에 들어오지 않을 것이다. 우리 교회에서는 현재 찬양 밴드와 관현악단, 성인 성가대, 유아 성가대, 피아노 반주자, 오르간 반주자 그리고 댄스 팀이 정기적으로 예배를 인도하고 있다.

다시 한 번 음악가들이 어떻게 음악가들을 끌어들이는지 강조하기 위하여 베다니교회에서 관현악단이 어떻게 발족되었는지를 나누고자 한다. 4년 전에 나는 성탄절을 위하여 금관 5중주를 모집하기로 결정했다. 나는 음대에서 트럼펫을 전공했기에 성탄절에 이 악기로 구성된 앙상블(2부 이상으로 된 합주곡의 연주자들—역주)을 예배 서곡과 헌금 시간 그리고 후주곡에 사용하면 무척 흥미로울 것이라고 생각하였다. 그 해에 우리 교회는 트럼펫 연주자 두 명과 트롬본 연주자 한 명, 프렌치 호른 연주자 한 명 그리고 바리톤 연주자가 한 명 있었다. 완벽한 관악 5중주였다! 우리는 예배를 인도하고 주님을 찬양하며 즐거운 시간을 보냈다.

1월이 되자 사람들이 클라리넷과 플루트, 바이올린 그리고 바순 등을 연주한다며 나에게 오기 시작했다. 그들은 관악 5중주와 함께 연주할 수 있냐고 물어보았다. 나는 즉시 "물론이죠!"라고 대답하였다. 우리에게는 다양한 수준의 연주 실력을 가진 연주자들이 자신의 악기를 꺼내기 시작했다. 관악 5중주로 시작되었던 것이 결국 소규모 실내 관현악단이 되어 버렸다.

■■ 개방 및 폐쇄정책

내가 베다니교회에서 예배 인도를 시작하였을 때, 나는 예배자들의 공동체를 만들기로 결심했다. 주님께서 다양한 음악적 수준의 음악가들을 데려오면서 나는 사람들을 어떻게 배치해야 할지 연구해야 했다. 나는 모든 앙상블을 구성할 때마다 항상 공식적인 오디션을 열지는 않지만 사람들이 음악적으로 어느 정도 수준인지 평가하는 방식들을 가지고 있다. 완전한 참여를 제한하지 않는 범위 내에서 당신의 음악사역을 확장시키는 목적으로, 필요하다면 오디션을 이용하라.

만약 성가대 찬양에 독창자가 필요하다면 나는 예행연습 중에 그 독창을 부를 수 있다고 생각하는 사람에게 즉흥적으로 물어본다. 나는 그 성가 찬양에 알맞은 특정한 목소리의 음색을 유심히 살펴보고, 그런 다음에 그 곡이 성가대와 함께 부를 때 어떠한 소리가 나는지 듣고 싶어 한다. 나는 몇 명의 독창을 들어본 후에 독창을 불러 보고 싶은 사람들이 더 있냐고 물어본다. 내가 만족하지 못하거나 성가대원들의 반응이 저조하면 그때서야 알맞은 목소리를 찾으려고 오디션을 연다.

나는 절대로 최고의 독창자가 독창을 전부 부르지 않는다. 그보다 가능한 한 많은 사람들이 참여하도록 한다. 만약 어떤 사람이 연습을 더 할 필요가 있다면, 실제 무대 위에서 원하는 목소리가 날 때까지 나는 그 독창자와 함께 연습한다.

나는 누구나 성가대에 참여할 수 있도록 해 준다. 또다시 말하지만 나는 공식적인 오디션을 항상 열지는 않는다. 그렇게 하는 것이 무척 위협적일 수 있기 때문이다. 그렇지만 만약 어떤 사람이 무슨 파트를 불러야 할지 확실하지 않아 하며, "제가 테너를 불러야 할지 베이스를 불러야 할지 잘 모르겠어요."라고 말한다면 오디션을 열 것이다.

내가 공식적인 오디션을 열지 않는다 할지라도 사람들이 성가대원이 되고 싶으면 다음과 같은 자질을 요구한다. 우선 첫째로, 그들은 하나님을 향한 마음을 가져야 한다. 나는 그들이 매일 QT 시간을 갖는 데 헌신하며, 주님을 좀 더 친밀하게 알려는 갈망이 있는지 확인하고 싶어 한다. 이렇게 하는 이유는 간단하다. 우리는 자신의 있는 모습 그대로 찬양을 인도한다. 우리가 부르는 가사뿐만이 아니라 '우리'가 메시지 그 자체이다. 나는 그들이 말을 잘 들으며, 융통성을 가질 것을 요구한다. 때로 나는 성가대원들에게 어떤 특정한 음악 연습을 해 보라고 할 것인데, 그들은 이러한 연습이 바보스럽다고 생각하지 않을 정도의 융통성을 가져야 한다. 마지막으로 그들이 언제 예행연습에 못나오며, 휴가 일정이 어떻게 되는지를 사전에 반드시 알려 주는 예의를 보여 달라고 당부한다. 그러면 나는 그들의 호의에 보답하는 의미로 그 분기 초에 분기 전체를 위한 성가대 공연 계획표를 복사해 준다. 그렇게 하면 성가대원들은 자신이 그 분기에 무엇에 헌신하는지 한눈에 볼 수 있다.

성가대는 어떤 음악적 수준에서든지 입단할 수 있는 곳이다. 이러한 종류의 개방정책을 가지고 있는 것도 음악 선정에 관하여 몇 가지 지혜를 요구한다. 나는 우리 교인들이 예배다운 체험을 하기 바란다. 만약 간단하면서도 음악적인 곡이 그러한 목표를 달성할 수 있다면 나는 만족한다. 그렇지만 성가대에게 항상 도전을 주려고 하기도 한다.

또한 관현악단을 위해서도 개방정책을 가지고 있다. 여기에 소속된 사람들은 그들의 악기를 연주하는 실력이 다양하다. 다시 말하지만 내가 오디션을 여는 유일한 이유는 음악가들이 연주할 수 '있느냐'가 아니라 '무엇'을 연주할 수 있는지를 파악하기 위해서이다. 만약 반주자들이 그 곡 전체를 연주하는 데 어려움을 겪고 있다면, 나는 그들이 전곡을 연주하거나 곡의 모든 부분을 연주하도록 하지 않을 것이다.

예를 들어, 나는 중학생이 관현악단에서 좀 더 숙련된 연주자와 함께 클라리넷을 연주하도록 하였다. 나는 초보자에게 자신이 연주할 수 있는 악절만 연주하고 그가 연주할 수 없는 나머지 부분은 그냥 지나치라고 했다. 결국 좀 더 숙련된 클라리넷 연주자는 어린 연주자의 스승이 되었다.

트롬본 파트에서도 이러한 일이 일어난 적이 있다. 우리는 모든 사람들이 연주할 수 있는 파트를 줄 필요가 있다. 우리는 할 의지가 있는 한 모든 성악가들에게 노래를 부를 수 있는 파트를 주어야 한다. 그런데 초보라는 것을 알면서 그 사람들에게 독창을 맡길 수는 없는 법이다. 모든 사람들을 위한 파트는 있으되 그 파트들을 모두에게 줄 수는 없다.

좀 더 숙련된 음악가들을 위하여 나는 특별한 앙상블을 마련하였다. 이를테면, 찬양 밴드 일원을 고를 때는 개방정책을 적용하지 않는다. 오히려 이 그룹에 알맞은 음악가들은 손수 선정한다. 내가 성탄절을 위하여 구성하는 아카펠라 앙상블에도 동일한 원칙이 적용된다. 좀 더 어린 음악가들에게 시작할 시점이 필요하듯이 좀 더 실력 있는 음악가들을 위해서도 특별한 파트가 있어야 한다.

만약 당신이 예배 팀을 구성하여 이끌고자 한다면, 사람들이 참여하도록 할 필요가 있다. 그리고 지혜와 인내심을 가질 필요가 있다. 당신은 사람들을 어디에 배치하고 그들을 연주에 포함시키거나 제외하기 바란다는 것을 어떻게 효과적으로 전달할 수 있는지 알아야 할 것이다.

■■ 도전을 주라

나는 베다니교회에서 우리 음악 그룹들에게 끊임없이 도전할 만한 것들을 주려 노력한다. 내가 성가대원들에게 연습할 필요가 없는 곡을 준다면 예행연습은 지루할 것이다. 관현악단이나 찬양 팀도 마찬가지이다. 악곡을 연습해서 곡 전체가 조화롭게 연주되는 것을 체험하는 순간만큼 값진 것은 없다. 이러한 경험은 믿음과 소망 그리고 성취감을 준다.

이따금씩 나의 기대가 너무 높아져서 사람들이 연주할 수 없는 곡을 주어서 사람들을 낙심시킨 적도 있었다. 이러한 일은 좌절감만 불러일으킬 뿐이며 피하는 것이 상책이다.

■■ 공동체를 형성하라

예배 팀을 만들어 이끄는 또 다른 방식은 공동체를 형성하는 것이다. 예행연습 후에 모두를 소그룹으로 나누어서 각 그룹이 현재 각자 가지고 있는 다양한 필요를 위하여 기도하도록 함으로 간단하게 이러한 공동체를 이룬 적이 있다. 이러한 일이 공동체를 형성하는 데 얼마나 강력한지 놀라울 따름이다. 나는 이 기도 시간이 그룹 일원들이 일주일 중 누군가와 함께 기도할 수 있는 유일한 시간일지도 모른다는 것을 깨달았다.

공동체를 형성하기 위한 또 하나의 방법은 친목 시간을 갖는 것이다. 주님께서 지난 분기 동안 하신 일을 기념하기 위하여 다과회 또는 분기 말 파티를 계획하여 즐거운 시간을 보내라. 아내와 내가 공동체를 형성하는 노력의 일환으로 한 일은 주일예배가 끝난 후에 교회의 여러 사람들과 외식을 하는 것이었다.

공동체를 만들 수 있는 최고의 방법은 수련회를 개최하는 것이다. 나는 콜로라도 주 네비게이터 수련회에서 예배를 인도할 수 있는 영예를 얻은 바가 있다. 우리 찬양 밴드를 주말 동안 산속으로 데려가서 예배를 인도하며, 훌륭한 연사들의 강의를 듣는 아주 뜻 깊은 시간이었다.

■■ 새로운 아이디어에 마음을 열어 두라

작년에 우리 교회에서 댄스사역을 시작했다. 우리 성가대원들 중 한 여성이 그리스도의 수난기념일(Good Friday)을 위하여 자신이 만든 안무를 보여 주어도 되냐고 물어보았다. 나는 그녀가 어떤 안무를 꾸

몄는지 무척 궁금했다. 그녀의 안무는 아주 경건했다. 우리가 받은 긍정적인 반응으로 나는 우리 예배시간에 정기적으로 공연하기 위한 댄스 팀을 모집해 줄 수 있냐고 그녀에게 물어보았다. 지금 나의 다음 목표는 시 낭독과 좀 더 많은 영상 예술을 예배 순서에 넣는 것이다. 우리 교회 안에는 예술성이 드러나야 할 사람들이 많다.

당신이 이끄는 사람들은 멋진 아이디어를 많이 가지고 있다. 피드백을 구할 수 있는 방법을 강구하라. 예를 들어, 당신이 아이디어를 함께 연구하며, 머리를 맞대는 시간을 가져라. 나는 각 앙상블에 소속된 사람들이 정기적으로 새로운 아이디어를 제공해 주기 바란다. 나는 우리 예배시간에 사용할 수 있는 새로운 노래가 라디오 방송에 나오는지 유심히 들어보라고 요청한다. 또한 휴가나 출장 중에 방문한 교회에서 얻은 아이디어를 가져오라고 부탁하기도 한다. 당신이 이끄는 사람들과 함께 결정을 내리도록 하라. 그러면 그들이 마치 당신의 예배사역에 기여하는 듯한 기분을 느낄 것이다.

■■ 기술과 리더십 훈련을 제공하라

지역 예술가들이 우리 예배 참여자들을 위하여 워크숍을 열어 주도록 초청한 적이 있다. 예를 들면, 작년에는 "예레미야 백성들"(The

Jeremiah People)의 작가이며 제작자인 밥 후우스(Bob Hoose)가 드라마 워크숍을 열었다. 우리가 단상 위에서 하는 일의 시각적인 측면을 논의하기에 더 없이 멋진 기회였다.

나의 핵심 리더들을 데리고 존 맥스웰과 빌 하이벨스 목사님이 개최하는 "삶을 변화시키기 위한 의사전달"(Communicating to Change Lives)과 같은 리더십 세미나에 참석한 적도 있었다. 이곳은 리더십 은사를 사용해야 할 필요에 관하여 토론을 하는 데 좋은 시발점이 된다. 나는 현재 베다니교회에서 리더십 개발 단계에 있으며, 우리가 성장하려면 여러 앙상블을 이끄는 데 도움을 줄 수 있는 자격을 갖춘 사람들이 필요하다는 것을 피부로 느끼고 있다.

기술과 리더십 훈련은 반드시 해야 한다. 책을 함께 공부하든, 세미나에 참석하든, 워크숍을 개최하든 또는 예행연습 때 시간을 잠깐 할애해서든 기술과 리더십 훈련은 반드시 해야 한다. 이러한 훈련이 여러분을 예배 공동체로 계속 성장하도록 해 줄 것이다.

■■ 역할과 기대를 분명하게 정하라

예배 팀을 구성할 때, 당신은 그 사람들이 어떤 역할을 맡으라고 알려 주는 것이 도움이 된다. 나는 찬양 밴드에서 드럼과 베이스 그리고 기타 연주자들은 박자에 초점을 맞추고 피아노 반주자는 화음에 집중하라고 지시한다. 그 후 내가 키보드로 추가적인 합창 화음을 넣어 준다. 그 다음에 나는 트럼펫 섹션에게 여백이나 악절의 끝에 필요한 '삽입'(fill)을 제공해 달라고 알려 준다. 성가대와 함께 일할 때는 함께 합창할 때 좀 더 부드럽게 부르라고 하며, 음악이 여러 섹션으로 나누어질 때는 좀 더 크게 부르라고 지시한다. 악보가 다른 것을 요구할 때만 예외로 한다.

자신이 무엇을 성취하기 원하는지를 모르는 지휘자만큼 음악가들을 답답하게 하는 사람은 없다. 음악가들은 멘토나, 교사, 감독, 제작자 또는 지휘관들이 그들에게 무엇을 하라고 지시하는 데 익숙하다. 당신이 원하는 것을 알고 거기에 어떻게 도달해야 하는지를 전달하라.

음향 및 조명 기술자들과 친분을 맺고 그들이 예행연습 때 함께해 달라고 부탁하라. 그들은 자신이 하거나 하지 않는 일로 예배의 흐름을 만들거나 깰 수 있다. 다시 한 번 강조한다. 음악가들이 하길 바라는 것에 필요한 훈련을 시키는 것을 잊지 마라.

⊙ 단원 요약

예배 팀을 만들고 이끄는 일에 관하여 친절한 마음을 잊지 말라는 점을 마지막으로 언급하고 싶다. 나는 베다니교회에서 우리가 성공적인 예배사역을 이룬 이유 중에 하나가 따뜻한 마음을 가진 지도자가 있기 때문이라고 생각한다. 사람들은 자신이 특별하다고 느끼며, 사랑받고 도전받을 때 더 참여하길 원한다. 나는 매년 이것을 더욱 잘할 수 있는 방법을 모색하려고 여행 중이다. 하나님께서 당신의 교인들에게 이와 같은 마음을 주시기 바란다.

10장

첨단사회에서의예배

예배에 얼마나 많은 첨단 기술이 동원되어야 하는가? 어떤 사람들은 문화를 따라가야 한다고 말하며, 또 어떤 사람들은 교회가 세상 문화를 너무 닮아 간다고 비판한다. 나는 우리가 양측의 의견에 모두 귀를 기울여야 한다고 생각한다. 첨단 기술이 수많은 가능성을 제시하기는 하지만 그것의 단점도 고려해 보아야 한다.

우리가 예배를 드리는 대부분의 건물들은 음향과 조명 그리고 컴퓨터 시스템과 같은 첨단 기술적인 혁신을 요구한다. 우리는 이 현실을 피할 수 없다. 우리가 적절하게 의사를 전달하려면 반드시 성능이 좋은 시스템을 가지고 있어야 한다.

■■ 음향적인 관심사

프라하에 있는 대성당을 방문했을 때, 나는 그 건축물과 그림 그리고 오르간을 보고 감탄을 금할 수 없었다. 나는 이 대성당에서 열리는 수많은 연주회에 참석하였다. 모차르트의 "진혼곡"과 스페인 기타의 독주회 그리고 널리 알려진 작곡가들의 곡을 조명하는 그 외 연주회에 참석했다. 이곳에서는 확성기를 사용할 필요가 없다. 음악과 건축물이 함께 조화를 이루기 때문이다. 이 건물들 중 한곳에서 록 음악 콘서트를 연다면 끔찍할 것이다. 음악은 음향학적인 상황과 조화를 이루어야 한다. 우리 자신의 환경에서도 동일한 원리가 적용된다.

음향 시스템

우리 교회는 현재 재건축과 공사 때문에 체육관에서 예배를 드리고 있고 우리 상황을 향상시키기 위해 고안된 음향 시스템을 사용한다. 예배 인도자는 음향적인 경향과 입체적인 디자인에 관심을 가져야 한다. 간단한 법칙을 들자면, 소리는 단단한 구조물에 반사된다는 점이다. 이러한 구조물에는 돌과 목재, 시멘트, 철 그리고 타일 등이 있다. 반대로 소리는 카페트나 푹신한 구조물에 흡수된다. 그리고 가장 중요한 사실은 소리가 사람에게 흡수된다는 점이다.

당신이 할 수 있는 최고의 투자는 시설물을 정밀 검사할 수 있는 음향 엔지니어를 고용하는 것이다. 그들은 당신의 시설을 컴퓨터로 분석하고 음향 시스템을 어떻게 디자인해야 할지 파악할 수 있다. 이러한 것이 꼭 필요한가? 만약 의사전달이 당신에게 중요하다면, 대답은 물론이다. 나는 사람들이 복음의 메시지를 반드시 들어야 한다고 생각한다. 우리는 이 부분에 인색하면 안 된다. 우리는 일을 올바르게 처리하기 위해서라도 돈을 투자해야 한다.

나는 세계를 돌아다니며, 음향 시스템이 열악했던 수백 개의 교회에서 예배를 드린 적이 있다. 주의가 산만하고 스피커의 울리는 소리만 들렸다. 얼마나 큰 자원 낭비인가? 많은 교회들은 좋은 음향 시스템에 돈을 투자하지 않는다. 반면에 어떤 사람들은 우리 교회에 있는 것보다 더 좋은 음향 시스템을 차에 설치해 두고 다닌다. 이것은 지나친 것이다. 우리는 복음을 전파하는 것에 우선순위를 두어야 한다.

훌륭한 음향 시설은 강력한 예배에 필수적이다. 그러나 음향 시스템은 마술이 아니다. 그것은 성가대의 인토네이션을 고치거나, 발음을 수정하거나, 찬양 팀의 모음을 조화시킬 수 없다. 음악은 단상에서 나오는 것이지 음향 조절판에서 나오는 것이 아니다. 음향 시스템은 필요한 소리만 증폭하는 것뿐이다.

좋은 음향 시스템은 예배 환경의 질을 향상시키며, 그리스도께 드리는 예배의 방해 요소를 제거해 줄 것이다. 그것은 대부분의 교회 건물에 필요한 목소리의 명확한 전달을 보완해 줄 수 있다. 설교자가 마이크의 울리는 소리 없이 설교를 하는 것은 예배의 분위기에 결정적이다.

기술자들을 위한 교육

홀륭한 음향 시스템과 함께 당신의 음향 기술자들은 교육을 받아야 한다. 당신의 음향 시스템에 대하여 잘 아는 사람이 음향 기술자가 되고자 한다면 누구든지 교육시켜야 한다. 기술자들은 다음 분야에서 시스템이 어떻게 작동되는지를 알 필요가 있다. 그 분야로는 음향 계기판(돌리는 다이얼과 슬라이더가 무엇을 할 때 쓰이는지), 앰프, 마이크로폰(다이나믹 및 콘덴서), 콘덴서 마이크를 사용할 때 '팬텀 파워'(phantom power) 전원 공급 회로의 필요성, 문제해결(피드백이 일어날 때 무엇을 확인해야 하는지) 그리고 특정한 앙상블과 일할 때 무슨 소리에 귀를 기울여야 하는지 등이 있다. 가장 중요한 것은 앙상블에서 음악적인 측면에서 무엇을 들어야 하는지를 아는 음악 감각이 있는 사람을 찾는 것이다.

또한 자신의 역할을 이해하는 사람을 찾아야 한다. 나는 예행연습을 할 때 기술자들과 함께 일한다. 그렇지만 궁극적인 책임은 기술자가 아닌 내가 진다. 나는 예배시간을 총괄하기 위하여 교회에 고용되었다. 그러므로 나는 예행연습이나 실제 연주 시 음향적인 측면에서 무엇을 원하는지 말할 때 머뭇거리지 않는다. 나는 음향 기술자들과 좋은 관계를 유지하고 있으며, 이것이 무엇보다도 우리가 함께 일하도록 해 준다.

좋은 장비 구입하기

또한 좋은 장비를 구입해야 한다. 이것은 예산 문제이다. 당신의 음향 장비를 구입할 때 쓰다 남은 예산을 사용하지 마라. 당신이 필요한 것을 파악하고, 무엇이 시중에 나와 있는지를 보고 비교해 본 다음에 예산을 짜라. 당신의 교회 총무에게 가서 그 장비가 왜 필요한지를 알려 주라. 내가 1993년에 베다니교회에 왔을 때, 나는 미디 호환이 되며, 모니터가 내장되어 있고, 다양한 음향 효과를 위한 모듈이 있는 무게 있는 88개짜리 건반 키보드를 원했다. 나는 가장 저렴한 가격의 물건을 찾아본 후, 우리 총무에게 견적서를 보여 주었다. 내가 사전에 준비해야 할 일을 했고 그러한 장비를 구입하는 목적을 분명히 밝힐 수 있었으며, 예산을 알고 있었기 때문에 우리 교회 총무는 구입을 해도 좋다고 승낙해 주었다. 오늘날 이 음향 장비는 예배를 인도하는 데 주요 키보드로 사용되고 있다. 나는 증폭기가 없는 장소에서 예행연습을 할 때 모니터가 내장되어 있는 이 키보드를 사용한다. 이 장비에는 무게가 있는 건반이 있기에 피아노가 없는 수련회에서 피아노 반주자들이 사용하기에도 안성맞춤이다.

당신의 예산 안에서 찬양 밴드와 성가대 그리고 악기 연주자들을 위한 최상의 마이크로폰을 구입하라. 좋은 피아노에도 돈을 투자하라. 가능하면 그랜드 피아노가 좋다. 박스 모양의 피아노는 예배당에서 꽉 찬소리를 내는 데 부족하다. 당신의 연사들을 위하여 품질이 좋은 옷깃 마이크로폰을 구입하라. 좋은 CD플레이어와 카세트 녹음기에도 돈을 투자하라. 당신이 현대음악을 사용한다면, 예배당을 위한 드럼세트를 구입하라. 그리하면 드러머들이 굳이 자신의 장비를 설치하느라고 진땀을 뺄 필요가 없을 것이다. 만약 드러머들이 원한다면, 자신이 구입한 심벌로 교체해도 되며, 필요한 조절을 위하여 조율기를 가져와도 된다. 당신이 악기를 구입하기로 결정을 내리는 순간 드러머들이 찬양 팀에 들어오면 안 되냐고 물어보는 문의가 쇄도하기 시작할 것이다.

피아노 이외에 구입해야 할 것 중에 가장 비싼 것은 오르간일 것이다. 당신이 이 악기에 얼마나 헌신되어 있는지를 결정해야 한다. 당신이 파이프 오르간을 설치하고자 한다면 아마 이것이 당신의 예배당의 주요 악기가 될 것이다. 파이프 오르간의 소리만큼 좋은 소리는 이 세상에 존재하지 않는다. 하지만 주일마다 한 곡의 찬송가를 연주하기 위하여 이 악기를 사용할 것이라면, 아마 지혜로운 선택이 아닐지도 모른다. 당신의 예배를 합창곡들과 블렌딩할 것이라면, 차라리 미디 기능이 있는 전자 오르간을 설치하는 것이 나을 수도 있다.

내가 현존하는 가장 비싼 장비를 반드시 사야 한다고 말하는 것은 아니니 오해하지 말기 바란다. 오히려 나는 당신이 장만할 수 있는 최상의 장비를 구입해야 한다고 주장하는 것뿐이다. 당신의 예배시간을 더욱 아름답게 만들기 위하여 교회 예산 안에서 필요한 구매품의 우선순위를 매겨라.

미디(MIDI) 기술

미디(MIDI)는 '음악 악기 디지털 인터페이스'(Musical Instrument Digital Interface, 컴퓨터를 이용하여 음악을 연주하기 위한 파일 형식)를 의미한다. 미디 호환 악기로, 당신은 데이터·정보를 컴퓨터나 디스크 또는 모듈로부터 키보드나 다른 악기로 전송할 수 있다. 이것을 모두 이해하지 못한다 하더라도 걱정하지 마라. 자동차 정비사가 아니면서도 자동차 운전을 즐길 수 있는가? 물론이다. 마찬가지로 미디 기술에 대한 세부 사항을 전부 이해하지 않아도 이 기술을 활용할 수 있다.

나는 무한대의 가능성을 지닌 코그(Korg) 모듈이 내장된 로랜드(Roland) 키보드를 즐겨 연주한다. 나는 말 그대로 모든 악기를 마음대로 사용할 수 있다. 이 키보드로 드럼, 기타, 해몬드 오르간(2단 건반의 전기 오르간—역주), 펜더 로드(Fender Rhodes) 피아노, 금관악기, 목관악기, 현악기 그리고 여러 효과를 위한 다양한 소리 등을 만들어 낼 수 있다. 물론 이 모듈에 있는 모든 소리를 사용하지 않는다. 나는 내가 사용하는 소리들을 한정시켜서, 나의 예배 인도에 독특한 소리를 부여한다. 아무도 나처럼 예배를 인도하지 않는다. 이것은 거만한 말이 아닌 진실이다. 나는 나만의 독특한 성격과 목소리 그리고 주일마다 즐겨 사용하는 소리가 있다. 이것은 당신에게도 그대로 적용된다. 당신만의 독특한 소리를 창출하기 위하여 이 기술을 활용하라.

이 기술을 보유하고 있는 장점은 명백하다. 그렇지만 몇 가지 주의 사항을 당부해야겠다. 미디 기술은 파괴적인 방식으로 사용되고 있다. 즉 사람들은 이 기술로 음악가들을 대체하고 있다. 음악가들이 부족한 환경에 처해 있다면 미디 기술은 많은 도움을 줄 수 있다. 하지만 내가 전에 말했던 것을 염두에 두어라. 음악가들은 음악가들을 끌어들인다. 당신이 고의적으로 음악가들을 없애면, 결코 예배 인도 팀을 구성할 수 없을 것이다. 절대로 음악가들을 대체하기 위하여 미디를 사용하지 마라. 나는 키보드만 사용한 관현악단의 소리를 듣느니 차라리 기타리스트, 피아니스트 그리고 보컬 세 사람이 예배를 인도하는 것을 들을 것이다. 우리는 예배시간에 교인들이 참여할 수 있는 여지를 주라는 성경의 명령을 받았다는 점을 기억하라(고전 14장). 성도들이 예배를 인도할 수 있는데 성도들 대신에 컴퓨터를 사용하는 일은 절대로 있어서는 안 된다!

■■ 컴퓨터 기술

당신이 목회하는 공동체를 고려해 보라. 나는 콜로라도 주 리틀턴에 산다. 나의 교회에서 덴버 기술 센터까지 10분밖에 걸리지 않는다. 우리 교회에 출석하는 사람 중 대부분은 컴퓨터 산업에 종사한다. 그들은 이러한 환경에서 일하고 생활하기 때문에 우리 예배시간에 컴퓨터 기술을 추가했을 때 무척 좋아했다.

파워포인트와 같은 컴퓨터 기술은 찬양과 성경봉독 그리고 설교의 질을 높일 수 있다. 파워포인트와 좋은 비디오 영사기를 사용하면 당신은 좀 더 뚜렷하고 깨끗한 화면 영사 시스템을 갖출 수 있다.

우리 교회에서는 화면에 찬양 가사를 비추기 위해서 파워포인트를 사용한다. 이것은 찬송가를 부를 때 특히 도움이 된다. 악보와 가사를 주로 함께 보는 사람들이 있다면, 악보와 가사를 영사하라. 하지만 나와 같이 악보를 읽을 수 있는 사람들과 음악 기호 때문에 혼란스러워하는 사람들이 동시에 있는 상황에 처해 있다면, 화면에 가사만 나오게 하고 필요한 사람들을 위해서 찬송가집을 좌석에 비치해 두라. 찬송가 옆에 번호를 적어 놓으면 악보를 읽기 좋아하는 사람들은 찬송가집으로 찾아볼 수 있다. 우리가 일어서서 "1절과 2절 그리고 4절을 부릅시다."라고 말하는 대신에 사람들이 절을 읽을 수 있게 해 주는 것이다. 우리는 찬송가집을 선호하는 사람들을 위해서 제목 옆에 찬송가 번호를 매긴다. 찬송가를 부를 때 악보를 즐겨 읽는 사람들이 있기는 하다. 그렇지만 악보를 읽을 수 없는 사람들을 위해서 화면에 가사를 비추어 주면 도움이 된다.

성도들이 화면에 나오는 글자를 읽기 쉽게 해 주라. 당신의 예배당에서 예배 시작 전에 이것을 연습해 보아야 한다. 예배당 뒤쪽에 가서 화면에 비추는 글자를 읽을 수 있는지 보라. 다양한 연령대를 대표하는 사람들과 함께 이 실험을 해보라. 그들도 읽을 수 있도록 해 주라.

당신의 음향 기술자와 마찬가지로, 파워포인트를 담당하는 사람도 예행연습 때 나와야 한다. 화면에 나온 것이 당신이 연습하고 있는 것과 일치하는지를 재확인하라. 첨단 기술은 그리스도를 향한 예배의 질을 높여야지 방해해서는 안 된다.

말씀을 봉독할 때 파워포인트를 사용하는 이점 중 하나는 모두가 동일한 번역본을 함께 읽을 수 있다는 데 있다. 당신의 교회가 우리와 같다면, 아마 여러 번역본을 사용하는 사람들이 있을 것이다. 이것은 공동 말씀 봉독을 불가능하게 만든다. 아마 수년 전에 모두가 킹 제임스 번역본을 읽었던 시절에 말씀을 봉독하기가 훨씬 쉬웠을 것이다. 이와 마찬가지로 기도서나 그와 비슷한 책을 사용하는 전통에서는 이러한 문제가 없다. 하지만 대부분의 복음주의 교회에 있어서 성경말씀을 화면에 비추어 주는 것이 좀 더 순조로운 예배시간을 보장한다. 이러한 목적을 위하여 파워포인트를 쓰는 데 따르는 단점은 교인들이 자신의 성경을 사용하는 데 방해를 받는다는 점이다. 반면에 이것의 장점은 방문객들을 편하게 해 준다는 것이다. 이렇게 하면 방문객들은 교회에 나올 때 성경책을 가지고 오지 않았더라도 예배에 참여할 수 있다.

설교 중에 사람들에게 필기하라고 권유하는 목사님은 파워포인트를 효과적으로 활용할 수 있다. 설교를 들을 때 주요 요점을 듣고 동시에 보는 것이 항상 도움이 된다는 것을 알아냈다. 예배를 드리는 사람들이 빈칸을 채우도록 함으로 목사님은 교인들의 적극적인 참여를 유도할 수 있다. 반면에 이야기를 잘하는 목사님은 말로만으로도 청중의 주의를 사로잡을 수 있다.

이 시점에서 일반적인 차이를 구분해야 할 것 같다. 베이비 붐 세대들(1945년-1965년 사이 태어난 사람들—역주)은 정말로 첨단 예배를 즐긴다. 특히 그들이 전통적인 교회에서 자랐다면 더욱 그렇다. 그들은 파워포인트를 좋아한다. 반대로 X세대들은 인간미 있는 예배시간을 정말로 좋아한다. 이 포스트모던 세대는 훌륭한 이야기를 좋아한다. 당신이 이야기를 잘하는 사람이 되는 데 파워포인트는 별로 도움이 안 된다.

당신은 첨단 기술이 당신의 예배의 질을 높이는 것인지, 방해하는 것인지 알아야 한다. 우리 교회에서는 첨단 기술을 사용하며, 대부분의 사람들은 파워포인트를 무척 좋아한다. 그러나 당신의 교회가 처한 상황은 이렇지 않을 수도 있다. 주님께 지혜를 달라고 간구하고 교인들에게 솔직한 피드백을 달라고 하라.

■■ 조명

나는 최근에 어떤 텔레비전 프로그램을 본 적이 있었다. 그 쇼의 특별 출연자들은 록 음악에 기여한 최고의 발명품에 대하여 논의하고 있었다. 그들이 논의한 발명품 중 하나는 전구였다. 이유는 최상의 음악을 들을 수는 있지만, 공연하는 사람을 볼 수 없다면 콘서트를 할 수 없다는 것이었다.

물론 예배를 인도하는 것은 콘서트를 인도하는 것보다 더 중요하다. 그러나 조명 문제도 그만큼 중요하다. 최고의 조명은 창문을 통하여 들어오는 빛이다. 자연광처럼 좋은 것은 없다. 당신이 이것을 사용할 수 없다면 좋은 기계적인 조명이 설치되어야 한다. 당신의 음악가들이 악보를 볼 수 있어야 하는 것은 중요하다. 단상 위에 있는 사람들이 그늘에 가려져 있지 않도록 하는 것도 중요하다. 단상 위에 있는 모든 사람들은 볼 수 있어야 하며, 다른 사람들에게도 보여야 한다.

또한 당신이 강조하고 싶은 상징물에도 조명이 잘 비추어져야 한다. 당신의 예배당에 십자가가 있는데, 그것에 주의가 집중되기 바란다면 알맞은 조명이 해답이다. 플래카드가 있는데, 사람들이 그 메시지나 상징을 보기를 바란다면 효과적인 조명으로 강조하라.

당신의 교인들이 찬송가집을 사용한다면 악보를 볼 수 있어야 한다. 그들이 성경책을 읽거나 설교 내용을 필기할 때도 마찬가지이다.

하지만 효과적인 조명의 기능적인 요소보다 더 중요한 것은 당신이 예배 인도자로서 그리스도의 몸을 볼 수 있어야 한다는 점이다. 예배는 구원받은 사람들이 왕 중 왕에게 영광을 돌리는 것이며, 조명은 그들의 아름다움을 드러낼 것이다.

■■■ 홈페이지 제작

당신의 교회 홈페이지는 당신의 예배를 선전하는 데 이바지할 수 있다. 전화번호부의 의사전달 가능성도 좋지만, 홈페이지는 더 큰 잠재력을 지니고 있다. 홈페이지로 당신은 예배시간과 교회 직원들을 당신의 지역 공동체에 소개할 수 있다. 그리고 당신의 예배 신학에 대한 생각도 알릴 수 있다. 사람들은 당신이 무엇을 믿는지 알고 싶어 한다. 이것은 그들이 당신의 교회 등록 여부를 결정하는 데 도움을 줄 것이다. 또한 당신의 사이트에 예배에 관한 몇 가지 가르침을 올려놓을 수 있다. 더 나아가 당신의 설교를 '리얼 오디오'(Real Audio, 컴퓨터 동영상 및 음향 프로그램-역주) 형식으로 홈페이지에 올려놓을 수 있다.

홈페이지를 유지하는 데 가장 어려운 점은 관리이다. 한 사람이 당신의 최신 정보를 계속 업데이트하는 팀을 이끌도록 하는 것이 유익하다. 이 관리자는 그 사이트를 관리하고 교회 정보를 종합하기 위해서 매주 교회에 있어야 한다.

교회 홈페이지를 갖는 것의 가장 큰 이점은 그것이 당신의 공동체에 비위협적인 방식으로 교회를 소개할 수 있다는 점이다. 강제적인 이단들을 연상시키는 문을 두드리는 방법 대신에 지역 주민들이 편리한 때에 당신의 교회에 대하여 볼 수 있다. 당신의 교회 간판에 형편없는 표어를 써 놓는 대신에, 교회 홈페이지 주소를 선전할 수 있다. 아니면 교회 홈페이지 주소가 인쇄된 우편물을 발송하거나 교회 선전용 문고리를 문마다 걸어 놓을 수 있다. 홈페이지는 교회에 관한 정보를 당신의 지역에 알릴 수 있는 훌륭한 방법이다.

■■ 전자우편과 예배 공동체

나는 베다니교회의 모든 음악가들의 전자우편 주소를 나의 전자우편에 등록해 놓았다. 이것은 예배를 인도하는 데 도움을 주는 사람들에게 필요한 정보를 아주 효과적으로 전달할 수 있는 방법이다. 나는 사람들이 자동 응답기보다 전자우편을 더 자주 확인한다는 것을 발견했다. 전화를 수십 번 하는 것은 시간을 많이 잡아먹으며 비효율적이다. 차라리 메시지를 타이핑해서 모두에게 한꺼번에 보내는 것이 더 쉽다.

아니면 예배에 대한 가르침을 원하는 사람들을 위해서 당신의 교회 사람들에게 매일, 주간 아니면 분기별로 보내 줄 수 있는 예배에 대한 묵상을 준비하라. 지나치게 긴 메시지는 피하라. 전자우편은 빠른 정보를 전달하는 데 효과적이다. 내가 너무나 긴 전자우편을 받으면 출처에 따라 읽지 않는다. 효과적으로 의사를 전달하기 위하여 전자우편을 활용하라. 짧은 시편과 묵상을 위한 질문 또는 예배에 대한 짤막한 인용구가 이상적이다. 예를 들면, 존 파이퍼(John Piper)의 "우리가 그분에게 가장 만족해 있을 때, 하나님은 우리에게서 가장 영광을 받는다."와 같은 표어는 교인들의 예배를 변화시킬 수 있는 힘을 줄 수 있다.

■■■ 미래의 과학기술

첨단 기술 여행을 시작하라. 대부분의 과학기술은 사용하기 쉽다. 그러나 내가 읽는 것을 좋아한다 하더라도 기술적인 설명서를 읽는 것은 질색이다. 당신의 교회에서 그 기술에 대하여 아는 사람들을 찾아서 도와달라고 하라. 그들의 전문 지식을 나누는 것을 사역으로 생각하라며 시간을 할애해 달라고 부탁하라.

다른 사람들을 참여시키는 것은 당신이 균형을 잡도록 해 준다. 인터넷에서 시간을 보내는 것은 중독이 될 수 있다. 이것은 시간 낭비이다. 당신은 혼자서 조용하게 묵상을 해야 한다. 현재 과학기술을 따라

가는 것이 중요한 만큼 이것이 당신의 시간을 전부 잡아먹지 않도록 하라. 새로운 기술을 습득할 때 학습곡선(숙련도 및 습득도를 그래프로 나타낸 것—역주)을 항상 타기 마련이다.

십 년 전에, 나는 음악 이론을 추가로 더 배우고, 재즈 피아노 발성법을 숙달하기로 하였다. 이러한 결정은 새로운 미디 음향 효과와 다른 프로그램을 배우는 것을 대체하였다. 나는 음악을 작곡하는 대신에 새로운 음향 효과를 가지고 놀며 하루 종일 보낼 수 있다. 그러므로 당신도 기술에 얼마나 많은 시간을 투자할 것인지 결정해야 한다. 그 일을 당신보다 더 잘할 수 있는 사람을 찾아서 그들이 일하도록 만드는 것이 리더십에 관한 일반적인 나의 견해이다.

■■ 사람들의 은사를 사용하기

아마 당신의 교회에 소속된 사람들 중에 음향과 조명 그리고 컴퓨터 기술의 영역에 유능하고 재능을 타고난 사람들이 있을 것이다. 그들에게도 사역할 기회를 주라. 하나님의 영광을 위하여 그들의 재능을 사용하도록 용기를 주라. 나는 우리 예배를 위하여 음향 및 컴퓨터 기술자들로 구성된 기술팀을 가지고 있으며, 이 사역에 리더십을 제공하는 부부가 있다. 남편은 우리 음향 기술을 담당하며, 프로그램을 잘 다루는 그의 아내는 우리 예배에서 파워포인트를 담당한다. 두 사람은 다 예행연습에 참석하여 주일 예배가 최상의 소리와 시각 효과를 보여 주도록 도와주는 과정을 시작한다. 그 부부가 이 영역에 대하여 내가 아는 것보다 더 많은 것을 알고 있기에 나는 항상 그들에게 조언을 구한다. 우리는 예배에 함께하는 동역자인 셈이다.

나는 내가 결코 모든 것을 알 수 없다고 마음속으로 단정 지었다. 내가 베다니교회에서 예배사역을 확장시키려면 그리스도의 몸인 교인들이 나를 도와주어야 한다는 것을 깨달았다. 도움 요청을 기다리는 사람들이 분명히 있을 것이다. 우리는 사람들이 참여하도록 하려면 구걸해야 한다고 생각하는 경향이 있다. 구하는 것이 비결이다. 필요한 도움을 제공해 달라고 하나님 아버지께 구하고 사람들에게 그들이 즐겨 하는 것이 무엇인지 물어보고, 그들이 일할 수 있도록 해 주라. 성경은 교회가 이러한 방식으로 운영되어야 한다고 말씀하고 있다.

⑨ 단원 요약

첨단 기술은 당신의 예배사역에 축복이 될 수 있다. 이것을 지혜롭게만 사용한다면 예배의 질을 높일 수 있다. 항상 교회를 단결시키기 위해서 첨단 기술을 활용하라. 절대로 당신의 교인들을 고립시키기 위해서 그것을 사용하면 안 된다. 위대한 계명은 하나님을 열정적으로 사랑하고 사람들을 열정적으로 사랑하는 것임을 기억하라. 당신의 마음 속에 이 말씀을 간직하고 있다면 균형이 잡힐 것이다. 논쟁을 좋아하는 사람들은 우리가 조심성 없이 기술의 바다에 빠지라고 말하든지 무슨 수를 써서라도 기술을 피하라고 한다. 이 의견은 둘 다 극단적이다. 모든 좋은 것은 나쁜 목적을 위하여 악용될 수 있다. 선한 것을 받아들이되 악한 것은 피하라. 가장 중요한 것은 하나님께서 당신의 예배시간을 통하여 영광을 받으시는 것이다. 그리고 그리스도의 몸이 교화되기를 바란다. 그래서 하나님께서 당신의 공동체 안에 거하시는 것을 알기 바란다. 이러한 것들이 완전한 예배 인도자의 궁극적인 목표이어야 한다.

아래 표는 다양한 세분화를 나열한다. 박자기호를 사용할 때, 분수의 오른쪽에 있는 번호는 주요 단위가 무엇인지를 알려 준다. 분수의 왼쪽에 있는 번호는 주요 단위가 몇 개 있는지 알려 준다. 예를 들어, 6/8 박자라고 표기되어 있으면, 주요 단위는 8분음표(오른쪽)이며, 8분음표가 6개(왼쪽) 있다는 것이다.

4/4 박자에서 주요 단위는 4분음표이다.

온음표=2분음표 2개=4분음표 4개=8분음표 8개=16분음표 16개.

다음과 같이 박자를 맞춘다.

  4분음표 : 1 2 3 4 / 1 2 3 4 / 등.

  8분음표 세분화 : 1 and 2 and 3 and 4 and /1 and 2 and 3 and 4 and/ 등.

  16분음표 : 1 ee and uh 2 ee and uh 3 ee and uh 4 ee and uh / 등.

3/4 박자에서 주요 단위는 4분음표이다.

점 찍힌 2분음표=4분음표 3개=8분음표 6개=16분음표 12개.

다음과 같이 박자를 맞춘다.

4분음표 - 1 2 3 / 1 2 3 / 등.

8분음표- 1 and 2 and 3 and/ 1 and 2 and 3 and/ 등.

16분음표- 1 ee and uh 2 ee and uh 3 ee and uh/ 등.

6/8 박자에서 주요 단위는 8분음표이다.

점 찍힌 4분음표=8분음표 3개=16분 음표 6개.

6/8 박자에서 16분음표까지 세분화하는 경우는 드물다. 왜냐하면 6/8박

자로 쓰인 곡은 '해학곡'(scherzo)이며 스트라우스의 왈츠 같은 느낌을 갖고

있기 때문이다. 다시 말하자면, 속도가 일반적으로 빠르다는 것이다. 반면

에 당신은 수학적으로 반대 방향(곱셈)으로 움직이는 자신을 발견할 것이다.

6/8 박자에서 셋 잇단 음표 효과를 내려고 보통 하나와 넷을 강조할 것이다.

예를 들어, (1) 2 3 (4) 5 6/(1) 2 3 (4) 5 6/ 등. 대부분의 6/8박자로 된 곡을 두

박자로 생각하라. 하나…둘…/하나…둘…/ 등. 세분화하는 법을 배우는 것은

박자를 **빠르게** 하거나 느리게 하는 습관을 근절하는 데 큰 차이를 가져다줄

수 있다.

완전한 예배 인도자

1. 간장 공장 공장장은 강 공장장이고, 된장 공장 공장장은 공 공장장이다.

2. 저기 계신 분이 박 법학박사이시고, 여기 계신 분이 백 법학박사이시다.

3. 저기 가는 저 상장사가 새 상 상장사냐 헌 상 상장사냐.

4. 중앙청 창살은 쌍창살이고, 시청의 창살은 외창살이다.

5. 한양 양장점 옆 한영 양장점, 한영 양장점 옆 한양 양장점

6. 멍멍이네 꿀꿀이는 멍멍해도 꿀꿀하고, 꿀꿀이네 멍멍이는 꿀꿀해도 멍멍하네.

7. 저기 있는 말뚝이는 말 맬 말뚝이냐, 말 못 맬 말뚝이냐.

8. 옆집 팥죽은 붉은 팥죽이고, 뒷집 콩죽은 검은 콩죽이다.

9. 들의 콩깍지는 깐 콩깍지인가 안 깐 콩깍지인가. 깐 콩깍지면 어떻고 안 깐 콩깍지면 어떠냐. 깐 콩깍지나 안 깐 콩깍지나 콩깍지는 다 콩깍지인데.

10. 내가 그린 기린 그림은 잘 그린 기린 그림이고 네가 그린 기린 그림은 잘못 그린 기린 그림이다.

영문으로 연습하기

1. Amos Ames, the amiable aeronaut, aided in an aerial enterprise at the age of eighty-eight.

2. Some shun sunshine. Do you shun sunshine?

3. Fine white wine vinegar with veal.

4. Bring a bit of buttered brown bran bread.

5. Geese cackle, cattle low, crows caw, cocks crow.

6. Eight gray geese in a green field grazing.

7. Lucy likes light literature.

8. A big black bug bit a big black bear.

9. Peter Prangle, the prickly prangly pear picker, picked three pecks of prickly prangly pears from the prickly prangly pear trees on the pleasant prairies.

10. Theophilus Thistle, the successful thistle sifter, in sifting a sieveful of unsifted thistles, thrust three thousand thistles through the thick of his thumb. Now if Theophilus Thistle, the successful thistle sifter, in sifting a sieveful of unsifted thistles, thrust three thousand thistles through the thick of his thumb, see that thou in sifting a sieveful of unsifted thistles thrust not three thousand thistles through the thick of thy thumb. Success to the successful thistle sifter.[1]

예행연습및공연시고려할사항

1. 당신이 현재 연습하고 있는 곡의 다양한 연주 실황 음반을 들어보라.

2. 연주 전에 일찍 도착하라. 정시에 도착하는 것은 지각하는 것이나 다름없다. 스트레스와 걱정을 줄이기 위해 항상 여유 있게 도착하라. 이렇게 하면 당신의 연주를 위하여 워밍업하고 준비할 수 있는 여유가 생길 것이다.

3. 반주 테이프가 삽입되었는지, 악보가 제 위치에 있는지, 악기가 제대로 작동하는지 그리고 예행연습을 한 이래로 주변 환경이 지나치게 바뀌지는 않았는지를 재차 점검하라.

4. 당신이 연주하다 실수를 한다 하더라도 잊어버리고 계속 연주하라. 당신만이 그 실수를 알고 있을 것이다. 당신이 눈을 돌리거나, 어깨를 으쓱거리거나, 낙심한 표정을 짓는 것과 같은 비언어적인 몸짓을 할 때 실수했다는 것이 가장 잘 드러난다.

5. 사람들이 당신을 칭찬하면 항상 간단하게 "감사합니다."라고 대답하라. 좀 더 잘 할 수 있었다는 식으로 말하지 마라. 진정한 프로는 칭찬을 받아들인다. 거짓된 겸손함을 없애라. 사람들이 박수를 친다면 미소나 경례로

그들의 칭찬에 화답하라.

6. 모든 이행부(transition)를 주의 깊게 연습하라. 죽은 공간(dead space)을 피하라(한 이행부에서 다음으로 넘어갈 때 소리가 없는 텅 빈 듯한 틈). 그것을 고쳐라. 그렇지 않으면 그것이 당신의 연주를 엉망으로 만들 것이다.

7. 생동감 있는 음향 상태가 있는 방에서 예행연습을 하라. 타일, 돌 그리고 단단한 목재 바닥이 주로 생동감 있는 음향을 제공한다. 카펫이 깔린 방은 이상적인 연습실이 아니다. 예외적인 경우는 앰프로 증폭된 악기가 많은 밴드에서 연습하는 상황일 것이다. 그럴 때는 당신의 상황에 맞추어 음향 상태를 바꾸라.

8. 연습하는 만큼 쉬어라. 연습하는 것은 역기를 드는 것과 같다. 쉬지 않고 역기를 든다면 근육을 다치게 할 것이다. 만약 당신이 관악기 연주자이거나 가수라면 관악기의 주둥이나 성대를 보호하기 위해서 상식을 쓸 필요가 있다. 옛 속담인 "고통이 없으면 얻는 것도 없다."는 음악가들에게 적용되지 않는다. 나의 생각으로는 "고통이 없으면 얻는 것도 없다. = 뇌가 없다."를 뜻한다. 자연스럽게 실력이 향상될 시간을 주라. 만약 네 시간 동안 노래 연습을 하고 나가서 공연한다면 그 여파를 뼈저리게 느낄 것이다.

9. 당신의 건강을 잘 관리하라. 가수라면 공연 전에 카페인이나 유제품 그리고 매운 음식을 피하라. 카페인은 당신의 성대를 건조하게 하며, 유제품과 같은 것들은 불필요한 점액을 생성한다. 또한 위하수(산성 역류)는 당신의 후두에 염증을 일으킬 수 있다. 이것은 당신의 성대에 작은 혹을 만들 수 있다. 실온도의 물을 마셔라. 그리고 연주 전에 잠을 충분히 자는 것도 잊지 마라. 상식적으로 생각하라!

10. 조율기와 함께 연습하라.

11. 피아노 옆에서 연습하라.

12. 메트로놈을 가지고 연습하라.

13. 좋은 반주자를 구하라.

14. 서서 연습해 보고, 앉아서도 연습해 보라. 연습 중에 번갈아서 해보라. 지루함을 미리 예방하기 위하여 연습하다 잠깐 산책을 하라.

15. 쉬는 시간에는 머릿속으로 연습하라. 예행연습을 위하여 항상 노래하거나 연주할 필요는 없다.

16. 천천히 연습하라. 당신이 정확하게 연주할 수 있는 속도보다 어떤 악절을 더 빨리 연주하려 들지 마라. 통상 어설픈 연주는 성급함과 연관되어 있다.

17. 반복적으로 그리고 자주 연습하라. 일주일에 6번 연습하는 것이 일주일 중에 단 한 번만 1시간 반 동안 연습하는 것보다 낫다. 일상적인 과정에는 성취감이 있다.

18. 성공적인 연주자가 되기 위하여 모든 음악가가 가져야 할 세 가지 아주 중요한 능력이 있다. 어떠한 음악적인 효과도 성취할 수 있는 기교, 이 기교를 음악적으로나 예술적으로 사용할 수 있는 훌륭한 센스 그리고 이 두 가지를 청중 앞에서 성취할 수 있는 용기가 바로 그것들이다. 만약 연주를 얼마나 잘할 수 있을지 확실하지 않아서 무대 위에서 불안하다면, 당연히 공연 전에 정확성과 확실성을 쌓는 데 도움을 줄 공부나 연습은

매우 중요하다. 만약 무대 위에서의 불안함이 연주가 어떻게 진행될지 확실하지 않은데 부분적인 이유가 있다면, 정확성과 확실성을 쌓는 데 도움을 줄 수 있는 공부나 연습을 공연 전에 하는 것이 당연히 매우 중요하다. 할 수 있다고 생각하는 것만큼 무대 공포를 확실하게 치료할 수 있는 방법은 없다. 그리고 당신이 할 수 있다는 것을 알 수 있는 유일한 길은 당신이 아마도 수백 번을 연주했다는 것을 인식하는 것이다. 그래서 연주를 더 많이 할수록 더 좋다. 그 체계는 무시될 수 없다…이미 앞에서도 언급했던 반복 연습을 함으로 위험 부담을 줄여라. 그리고 신선함이 점차 사라질 정도로 자주 출현함으로 공공장소에서 연주하는 신선함을 줄여라. 그러면 당신의 혈관에 흘러드는 아드레날린(자극제)의 양이 줄어들 것이다.[1]

19. 만약 당신이 피아니스트나 키보드 반주자라면, padding(특히 누군가가 애기할 때의 부드러운 반주를 뜻하는 재즈 음악 용어)에 익숙해져야 한다. 비결은 스포트라이트가 아니라, 촛불을 떠올리는 것이다. 박자는 루바토/스트리겐도라는 점에서 당신이 빠른 박자로 연주한다면, 연사는 당신이 연주하는 속도로 생각하고 따라서 그 속도로 말해야 한다. 이것은 아주 중요한 메시지를 전달하려는 사람에게 방해가 될 수 있다. 당신은 연사를 받쳐 주어야지 경쟁하면 안 된다. 여기서 핵심은 당신이 하지 말아야 할 것에 있다.

서론

1. 본문은 예배가 삶의 방식이어야 한다고 제안한다. 또한 예수님은 우리가 이와 같이 빛을 사람에게 비추어서 그들이 너희의 착한 행실을 보고 하늘에 계신 너희 아버지께 영광을 돌리게 하라고 격려하신다(마 5:16 참조).

2. 랄프 마틴은 예배에 관한 그의 저서에서 "우리는 하나님을 향한 예배가 최우선시되지 않은 이상 교회의 '존재 이유'에 관한 어떠한 진술도 성경적 간증의 핵심이나 교회 역사의 의미에 근접하지 못한다는 것을 인정한다. 그 무엇보다도 교회는 이 이유를 위하여 존재하는 것이다. 하나님 아버지께 찬양과 감사의 헌신을 드리고, 창조와 구속 그리고 이 세계와 내세에서 그분의 나라가 최후에 승리하는 하나님의 전지전능하신 역사를 기념하기 위하여 교회는 하나님의 섭리와 은혜 안에 존재하며, 맡은 역할을 다 해야 한다." Ralph Martin, *The Worship of God* (Grand Rapids: Eerdmans, 1982), 209.(『초대교회의 예배』, 은성 刊)

제1부 서론

1. William H. Willimon, *Worship As Pastoral Care* (Nashville: Abingdon, 1979), 22.

2. 구속이 우리 예배의 중심이 되어야 한다는 데 대한 좀 더 상세한 논의를 읽어 보고 싶다면, 로버트 웨버(Robert Webber)의 *Worship Is a Verb* (Nashville: Abbott/Martyn, 1992), 3장을 참조하시오(『살아 있는 예배』, 예본 刊).

1장. 계시

1. '놀라움'의 필요에 관한 훌륭한 설교를 듣고 싶다면, 무디 방송 네트워크 카세트 사역(Moody Brodcasting Network Cassette Ministry)에서 구할 수 있는 웨렌 위어스비 목사님의 'The Wonder of Worship'(FW86-27)이라는 설교 테이프를 참조하시오.

2. 고든 R. 루이스와 브루스 A. 디메어레스트의 저서 『통합적인 신학』 (*Integrative Theology*)에 의하면, 일반계시는 자연과 섭리에 의한 역사 그리고 마음속의 윤리적인 율법에서 하나님의 드러내심을 의미한다. 이 마음에 의하여 이전 시대와 장소에 있던 모든 사람들이 창조주와 그분의 윤리적인 요구 사항에 대한 기본적인 이해를 얻는다. Gordan R. Lewis and Bruce A. Demarest, *Integrative Theology* (Grand Rapids: Zondervan, 1987), 61.

3. David Peterson, *Engaging with God: A Biblical Theology of Worship*

(Grand Rapids: Eerdmans, 1992), 26.

4. 예수님은 마태복음 22:37-38에서 "예수께서 그에게 말씀하셨다. 네 마음을 다하고, 네 목숨을 다 하고, 네 뜻을 다하여, 주 너의 하나님을 사랑하여라 하였으니, 이것이 가장 중요하고 으뜸가는 계명이다."(새)라고 말씀하셨을 때 십계명의 첫 네 가지 계명을 요약하셨다. 우리 열정이 주님께 향하도록 하면 십계명의 금지령이 성취될 것이다.

5. J. I. Packer, *Concise Theology* (Wheaton: Tyndale, 1993), xii.

6. Luci Shaw, *Polishing the Petoskey Stone* (Wheaton: Harold Shaw Publishers, 1990).

7. J. I. 패커는 이렇게 말하고 있다. "'태초에 하나님이 천지를 창조하시니라.'(창 1:1) 전에 존재하던 어떠한 물질도 없이 그분은 명령에 의하여 이 일을 행하셨다. 사물이 존재해야 한다는 그의 결정(…이 있으라)으로 그것들이 존재하게 되었으며, 그분께서 그것들을 순서대로 지으셨다. 이 존재들은 그분의 뜻에 의존하였지만 그분 자신과 별개였다. 성부와 성자 그리고 성령은 함께 연관되어 있었다(창 1:2; 시 33:6, 9; 148:5; 요 1:1-3; 골 1:15-16; 히 1:2; 11:3). 이 말씀들에서 주목해야 할 요점은 다음과 같다. ① 창조의 역사는 우리에게 불가사의이다. 창조 역사에는 우리가 이해하는 것 이상의 무언가가 있다. 우리는 명령으로 창조할 수 없다. 그러므로 하나님이 어떻게 그렇게 하실 수 있었는지 알 수 없다. 하나님께서 '무(無)에서' 창조하셨다고 말하는 것은 그 사실을 설명하는 것이 아니라 불가사의를 인정하는 것이다. 특히 우리는 의존성 있는 존재가 어떻게 각자 독특한 존재일 수 있는지 이해할 수 없다. 또한 천사들과 인간들이 어떻게 로봇이 아니고 그들의 창조주에게 윤리적인 책임이 있으며, 자유의사를 결정

할 수 있는 피조물일 수 있는지 이해할 수 없다. 그런데도 성경말씀은 어디에서나 워낙 이런 식이었다고 가르친다. ② 시간과 공간은 창조 질서의 차원들이다. 하나님은 이 두 차원 '안에' 계시지 않으시다. 그리고 그분은 우리처럼 이것들에 의하여 제한받지도 않으신다. ③ 천지 질서가 스스로 창조된 것이 아니듯이 그것은 하나님처럼 자립할 수 없다. 우주의 안전은 하나님의 변함없는 붙드심에 좌우된다. 이것이 바로 신성한 아들의 특수한 사역이다(골 1:17; 히 1:3). 그리고 그분의 사역이 없이는 우리 자신을 포함한 모든 종류의 피조물들이 존재할 수 없다. 사도 바울이 아덴 사람들에게 말했듯이 "이는 만민에게 생명과 호흡과 만물을 친히 주시는 이심이라…우리가 그를 힘입어 살며 기동하며 존재하느니라…."(행 17:25, 28) 우리 존재까지도 매순간 창조주 하나님께 의지하고 있다는 것을 우리가 인식한다면 그분을 향한 헌신과 책임, 감사 그리고 충성의 삶을 사는 것은 당연한 것이다. 그리고 그렇게 하지 않으면 수치스러운 일인 것이다. 경건함은 여기서부터 시작된다. 즉 우리 생각의 첫 초점이 주권자이신 창조주 하나님을 향해야 된다는 것이다." J. I. Packer, *Concise Theology: A Guide to Historic Christian Beliefs* (Wheaton: Tyndale, 1993), 21-22.

8. 우리 신학은 반드시 삼위일체의 교리를 믿어야 한다. 그것이 창조주에 관한 것이기 때문이다. 요한복음 1:1, 3, 10은 아들의 역할을 보여 준다. 창세기 1장에서 우리는 하나님의 영(ruach)이 생명이 시작되는 근원임을 분명히 이해할 수 있다.

9. Abraham Joshua Heschel, *The Sabbath* (New York: Harper Collins, 1951), 9. 내가 본 책들 중에 안식일이라는 주제에 대해서 가장 잘 쓴 책이다. 또 추천하고 싶은 책은 Marva Dawn이 쓴 *Keeping the Sabbath*

Wholly: Ceasing, Resting, Embracing, Feasting (Grand Rapids: Eerdmans, 1989)이다.

10. 또한 창세기 1:26-27의 말씀을 되풀이하는 말씀(창 5:1; 9:6; 고전 11:7; 약 3:9)들을 참고하라.

11. Graham Kendrick, *Learning to Worship As a Way of Life* (Minneapolis: Bethany House, 1984), 26.

2장. 구속

1. 공식적인 정의로, '특별계시'(special revelation)는 근동(아라비아·북동 아프리카·발칸을 포함하는 지방)에서 하나님의 구속적인 목표의 영원한 그분의 계시를 말한다. 그것은 ① 기적적인 행사로 입증된 예수 그리스도의 인격과 삶 그리고 개념적인 가르침(인간의 언어로 된) 또한 ② 선지자 및 사도적인 대변인들의 다양한 방식으로 인간의 언어로 된 하나님으로부터 온 가르침은 징표와 기적 그리고 위대한 행사에 의하여 그것들의 상호 일관성으로 입증되었다. Gordon R. Lewis and Bruce A. Demarest, *Integrative Theology* (Grand Rapids: Zondervan, 1987), 110.

2. David Peterson, *Engaging with God*, 48.

3. Webber, *Worship Is a Verb*, 30.

4. J. B. Torrance, "The Place of Jesus Christ in Worship," in *Theological Foundations for Ministry*, ed. Ray S. Anderson (Grand Rapids: Eerdmans, 1979), 352.

5. Ibid.

6. Naida Hearn, "Jesus, Name Above All Names" (Scripture in Song, a dvi. of Integrity Music, Inc., 1974).

7. Ralph P. Martin, *The Worship of God: Some Theological, Pastoral, and Practical Reflections* (Grand Rapids: Eerdmans, 1982), 52-53.

8. 마태는 그의 복음서에서 동방으로부터 온 박사들이 아기 그리스도를 섬기러 왔을 때 황금과 유향 그리고 몰약의 예물과 함께 그들의 예배가 드려졌다고 말한 점이 흥미롭다. 예물들은 메시아가 맡는 역할을 상징한다. NIV 공부 성경에 있는 창세기 37:25의 주석은 이 사건을 이렇게 설명하고 있다. "왕에게 합당한 예물로서, 몰약은 예수님이 태어나신 후에 그분에게 드려졌고(마 2:11) 그분이 돌아가신 후에 몸에 발라졌다(요 19:39-40). 의심할 여지없이 이 예물들은 구속에 관한 그리스도 사건을 이미 기념하고 있었다.

9. 《Starved for Crumbs》라는 제목이 붙은 기사에서, 더글라스 윌슨(Douglas Wilson)은 이렇게 주장하고 있다. "교회 내의 문화적인 빈곤은 무시할 수 없다. 문화적인 명령에 대한 우리의 사고방식은 우리의 타락하는 현대 문화가 들고 나오는 것을 무엇이든지 상당한 시차를 두고 5년이나 10년 뒤에 흉내 내는 것이다. 우리의 세속성에 대한 결점을 감추는 유일한 점은 우리가 그것을 서투르게 한다는 데 있다. 세상이 할 수 있는 것을 우리는 한참 시간이 흐른 뒤에 한다. 그리고 우리 머릿속에 남아 있는 성경말씀 때문에 자신을 제한시키며 그것을 더 볼품없게 흉내 낸다. 신앙을 폴 사이먼의 말로 의역하면 '문화가 없다'는 것이다. 세상이 쓰레쉬(헤비메탈의 한 장르-역주) 밴드를 들고 나오면 우리는 레코드 재킷 해설 부분에 요한

복음 3:16 말씀이 나오는 쓰레쉬 밴드를 원한다." 이 기사는 교회가 우리 주변에 타락한 문화의 예를 본받는 것을 계속해서 비판한다. 기사 전문을 읽으려면 *Tabletalk* (1997년 11월호), 58-59, Douglas Wilson, 《Starved for Crumbs》를 참고하라.

10. J. I. Packer, "The Word of God: Scripture as Revelation," in *The New Geneva Study Bible* (Nashville: Thomas Nelson, 1995), 141.

11. 데이비드 피터슨은 "최후의 만찬에서 예수님의 가르침(눅 22:29-30; 고전 11:26 참조)으로부터 유래된 성찬식 자체가 유월절 예언의 성취로 여겨져서는 안 된다."고 주장한다. 모든 점에서, 성찬식은 유월절의 대체물로서의 역할을 수행한다. 하나님의 백성들이 구원을 받고 그들에게 약속된 축복의 유산을 나누는 수단으로서 이 의식은 출애굽보다 예수님의 죽음에 초점을 둔다. Peterson, *Engaging with God*, 121.

3장. 구원

1. 이 책의 1부에서 언급한 대로, 신학은 이 예배라는 문제를 바라보는 지도의 격자 눈금이 된다. 나는 우리가 하나님의 영으로 거듭나지 않는 이상 살아 계신 하나님을 도저히 섬길 수 없다는 입장을 분명히 고수한다.

2. Gordon Fee, *Paul, the Spirit, and the People of God* (Peabody, Mass: Hendrickson Publishers, 1996), 44.(『바울, 성령 그리고 하나님의 백성』, 좋은 씨앗 刊)

3. 나는 종교개혁자들과 청교도들을 연구하는 것이 살아 계신 하나님을 향

한 마음을 발전시키는 데 있어서 신앙 수양서보다 더 지식을 넓힌다는 것을 깨달았다. 종교개혁적 관점에서, 자비와 은혜는 하나님 아버지를 섬길 수 있는 모든 동기를 유발하는 훌륭한 용어가 된다.

4. 그러한 목록을 제안함으로 내 자신을 곤경에 빠뜨리고 있다는 것을 안다. 그러나 내가 성경말씀을 살펴보면, 이러한 사상들이 분명히 격려되고 있었다. 예를 들어, 고린도후서 13:5은 우리가 "너희는 믿음 안에 있는가 너희 자신을 시험하고 너희 자신을 확증하라."라고 말해 주고 있다.

4장. 선포

1. 『기독교 송영을 위한 주제와 변형』(*Themes and Variations for a Christian Doxology*)의 'Kerygmatic Doxology'라는 제목이 붙은 3장은 예배가 선포라는 이 사상을 다루고 있다. 올드 박사는 예배가 왜 본질적으로 선포인지를 아주 상세하게 설명한다. Hughes Oliphant Old, *Themes and Variations for a Christian Doxology: Some Thoughts on the Theology of Worship* (Grand Rapids: Eerdmans, 1992), 42-62.

2. 당신의 결혼과 가족을 사역보다 우선시하는 것의 중요성에 관한 더 많은 정보를 원한다면, *Worship Leader* (1998년 1,2월호), 26-29에 랩 레드맨이 쓴 《Learning Strategies for the Long Haul》라는 기사를 읽어 보라.

3. 설교가 맡는 다양한 역할에 관한 좀 더 세부적인 정보를 원한다면, Ralph Martin, *The Worship of God* (Grand Rapids: Eerdmans, 1982), 101-23을 읽어 보라.

4. Eugene Peterson, *Subversive Spirituality* (Grand Rapids: Eerdmans, 1997), 178.(『하나님의 신비에 눈뜨는 영성 : 유진 피터슨, 그가 추구한 영성, 그가 걸어온 목회 이야기』, 좋은씨앗 刊)

5. 릭 워렌 목사는 투명성과 당신의 나약함을 통하여 설교하는 것의 중요성을 다음 출저에서 찾아볼 수 있는 설교 테이프에서 나눈다. The Leadership Summit 1997 tape series by Willow Creek Resources.

제3부 서론

1. Ronald Allen and Gordon Borror, *Worship: Rediscovering the Missing Jewel*, 27.

6장. 창조

1. Bennet Reimer, *A Philosophy of Music Education*, 2d ed (Englewood Cliffs, N.J.: Prentice Hall, 1989), 25.

2. Allen and Borror, *Worship: Rediscovering the Missing Jewel*, 29-30.

3. Ibid., 97-98.

4. Philip Farkas, *The Art of Muscianship*(Bloomington, Ind.: Musical Publications, 1976), 29.

5. Reimer, *A Philosophy of Music Education*, 28.

6. Farkas, *The Art of Muscianship*, 13.

7. Ibid., 15.

8. Willi Apel, *Harvard Dictionary of Music*(Cambridge, Mass.: The Belknap Press of Harvard University Press, 1972), 668.

9. Farkas, *The Art of Muscianship*, 9.

10. Ibid., 9-10.

11. Ibid.

12. Ibid.

13. Ibid.

14. Ibid., 17.

15. Ibid., 18.

16. Ibid., 37.

17. 콜로라도 스프링스 Discipleship Journal conference에서 이 실화를 나눈 것에 대하여 유진 피터슨에게 감사드린다.

18. Webber, *Worship Is a Verb*, 1.

19. Ibid., 25.

7장. 본 보여주기

1. 유진 H. 피터슨의 "Follow the Leader"라는 제목의 훌륭한 강의 테이프 시리즈가 있다. 이 강의들은 예수님을 따르는 것의 문제를 살펴본다. 피터슨은 예수님을 헤롯과 가야바 그리고 요세푸스와 비교한다. 이 테이프 시리즈는 Regent Bookstore 또는 그들의 웹 사이트(www.regentbookstore.com)를 통하여 주문할 수 있다.

2. Joseph S. Carroll, *How to Worship Jesus Christ* (Chicago: Moody Press, 1984), 24-25.

3. Jack Hayford, *Worship His Majesty* (Milton Keynes, England: Word, 1987), 58.(『경배』, 죠이선교회 刊)

4. Jack Taylor, *The Hallelujah Factor* (Nashville: Broadman, 1983), 16.(『찬양 중에 거하시는 하나님』, 요단출판사 刊)

5. Barry Liesch, *The New Worship: Straight Talk on Music and the Church* (Grand Rapids: Baker, 1996), 23.

6. Allen and Borror, *Worship: Rediscovering the Missing Jewel*, 23.

7. Hughes Oliphant Old, *Themes and Variations for a Christian Doxology*, 17, 24.

8. Peterson, *Engaging with God*, 28.

9. Ralph P. Martin, *The Worship of God: Some Theological, Pastoral, and Practical Reflections* (Grand Rapids: Eerdmans, 1982), 6.

8장. 참여

1. Allen and Borror, *Worship: Rediscovering the Missing Jewel*, 16.

2. 잭 헤이포드는 그의 저서, *Worship His Majesty*에서 예배는 하나님에 백 성들에 의한 것일 뿐만 아니라 하나님의 백성들을 위한 것이라고 주장한 다. 예배는 성령이 하나님의 나라를 그리스도의 몸들 중에 임하게 하는 수단이다.

3. 회중 예배에 적용되는 친절함의 정신을 가장 잘 설명한 책들 중에 하나 는 Patrick R. Keifert가 집필한 *Welcoming the Stranger: A Public Theology of Worship and Evangelism* (Minneapolis: Fortress Press, 1992)이다.

4. 이 분야를 훈련시키는 데 가장 훌륭한 자료는 John Maxwell이 집필한 *Ushers and Greeters* (Injoy)이다.

5. Martin, *The Worship of God*, 13.

6. Jack Hayford, John Killinger, and Howard Stevenson, *Mastering Worship* (Portland, Oreg.: Multnomah, 1990), 98, 106-7.

7. 최상의 참여 반응을 이끌어 내기 위한 노래 선정에 관한 좀 더 세부적인 정보를 원한다면 Liesch가 집필한 *The New Worship*의 1부를 읽어 보라.

8. 다음 자료들은 예배시간에 흐름을 계획하는 데 무척 많은 도움을 주 었다. Liesch, *The New Worship*, Hayford, Killinger, and Stevenson, *Mastering Worship*, Bob Sorge, *Exploring Worship: A practical Guide to Praise and Worship* (Canandaigua, N.Y.: Oasis House, 1987), Doug Murren, *How to Design Contemporary Worship Services* (Ventura, Calif.:

Gospel Light, 1994). 이 마지막 자료는 전통적인 교회들이 현대 예배로 바꾸는 데 도움을 주도록 고안된 비디오이다.

9. Allen and Borror, *Worship: Rediscovering the Missing Jewel*, 23-24.

10. Chuck Kraft, "Beneath Our Words: The Determining Factor in Our Worship Is the Nature of our Relationship with God," *Worship Leader* (1996년 9,10월호), 17.

부록 2

1. Jim Custer and Bob Hoose, *The Little Book of Theater Games* (Kansas City, Mo.: Lilenas Publishing Co., 1997), 81.

부록 3

1. Farkas, *The Art of Musicianship*, 48-49.

 참고문헌

Allen, Ronald, and Gordon Borror. *Worship: Rediscovering the Missing Jewel*. Three Sisters, Oreg.: Questar Publishers, 1982.

Apel, Willi. *Harvard Dictionary of Music*. Cambridge, Mass.: The Belknap Press of Harvard University Press, 1972.

Bruser, Madeline. *The Art of Practicing: A Guide to Making Music From the Heart*. New York: Bell Tower, 1977.

Carroll, Joseph S. *How to Worship Jesus Christ*. Chicago: Moody Press, 1984.

Copland, Aaron. *What to Listen For in Music*. New York: Mentor Books, 1939.

Custer, Jim, and Bob Hoose. *The Little Book of Theater Games*. Kansas City, Mo.: Lillenas, 1997.

Dawn, Marva J. *Keep the Sabbath Wholly: Ceasing, Resting, Embracing, Feasting*. Grand Rapids: Eerdmans, 1989.

Farkas, Philip. *The Are of Muscianship*. Bloomington, Ind.: Musical Publications, 1976.

Fee, Gordon D. *Paul, the Spirit and the People of God.* Peabody, Mass.: Hendrickson Publishers, 1996.

Foster, Richard. *Celebration of Discipline: The Path to Spiritual Growth.* San Francisco: Harper and Row, 1978.

_____. *Prayer: Finding the Heart's True Home.* San Francisco: Harper-Collins, 1992.

Hayford, Jack. *Worship His Majesty.* Dallas: Word, 1987.

Hayford, Jack, John Killinger, and Howard Stevenson. *Mastering Worship.* Three Sisters, Oreg.: Questar Publishers, 1990.

Heschel, Abraham Joshua. *The Sabbath.* New York: Farrar, Strauss, & Giroux, 1951.

Hostadter, Albert, and Richard Kuhns. *Philosophies of Art and Beauty: Selected Readings in Aesthetics from Plato to Heidegger.* Chicago: The University of Chicago Press, 1964.

Keifert, Patrick R. *Welcoming the Stranger: A Public Theology of Worship and Evangelism.* Minneapolis: Fortress, 1992.

Kendrick, Graham. *Learning to Worship as a Way of Life.* Minneapolis: Bethany House, 1985.

Kraft, Chuck. "Beneath Our Words: The Determining Factor in Our Worship Is the Nature of Our Relationship with God." *Worship Leader* (Sept-Oct, 1996):17.

Langer, Susanne K. *Philosophy in a New Key: A Study in the Symbolism of Reason, Rite and Art.* Cambridge, Mass.: Harvard University Press, 1942.

Lewis, Gordon, and Bruce Demarest. *Integrative Theology.* Grand Rapids: Zondervan, 1987.

참고 문헌

Liesch, Barry. *People in the Presence of God: Models and Directions for Worship*. Grand Rapids: Zondervan, 1988.

_____. *The New Worship: Straight Talk on Music and the Church*. Grand Rapids: Baker Books, 1996.

Martin, Ralph P. *The Worship of God: Some Theological, Pastoral and Practical Reflections*. Grand Rapids: Eerdmans, 1982.

McGinnis, Alan Loy. *Bringing Out the Best in People*. Minneapolis: Augsburg, 1985.

Meyers, Kenneth A. *All God's Children and Blue Suede Shoes: Christians and Popular Culture*. Wheaton: Crossway Books, 1989.

Morganhaler, Sally. "The Song of the People." *Worship Leader* (March/April 1997): 14, 27.

_____. *Worship Evangelism*. Grand Rapids: Zondervan, 1995.

Nouwen, Henri. *In the Name of Jesus: Reflections on Christian Leadership*. New York: Crossroad, 1989.

Old, Hughes O. *Leading in Prayer: A Workbook for Worship*. Grand Rapids: Eerdmans, 1995.

_____. *Themes and Variations for a Christian Doxology*. Grand Rapids: Eerdmans, 1992.

Packer, J. I. *Concise Theology: A Guide to Historic Christian Beliefs*. Wheaton: Tyndale, 1993.

Peterson, David. *Engaging With God: A Biblical Theology of Worship*. Grand Rapids: Eerdmans, 1992.

Peterson, Eugene. *Subversive Spirituality*. Grand Rapids: Eerdmans, 1997.

_____. *Take and Read: Spiritual Reading: An Annotated List*. Grand

Rapids: Eerdmans, 1996.

Reimer, Bennet. *A Philosophy of Music Education.* Englewood Cliffs, N.J.: Prentice Hall, 1989.

Saliers, Don E. *Worship Come to Its Senses.* Nashville: Abingdon Press, 1996.

Schula, Don, and Ken Blanchard. *Everyone's a Coach.* New York: Harper Business, 1995.

Shaw, Luci. *Polishing the Petoskey Stone.* Wheaton: Harold Shaw, 1990.

Sorge, Bob. *Exploring Worship: A Practical Guide to Praise and Worship.* New York: Oasis House, 1987.

Tan, Siang-Yang, and Douglas Gregg. *Disciplines of the Holy Spirit: How to Connect to the Spirit's Power and Presence.* Grand Rapids: Zondervan, 1997.

Taylor, Jack R. *The Hallelujah Factor.* Nashville: Broadman Press, 1983.

Torrance, J.B. "The Place of Jesus Christ in Worship," in *Theological Foundations for Ministry*, ed. Ray S. Anderson. (Grand Rapdis: Eerdmans, 1979), 348-369.

Towns, Elmer. *Putting an End to Worship Wars.* Nashville: Broadman and Holman Publishers, 1997.

Veith, Gene Edward. *State of the Arts: From Bezalel to Mapplethorpe.* Wheaton: Crossway Books, 1991.

Wardle, Terry. *Exalt Him! Designing Dynamic Worship Services.* rev. ed. Camp Hill, Penn.: Christian Publications, 1992.

Webber, Robert E., ed. *The Complete Library of Christian Worship. 7 volumes.* Nashville: Star Song, 1993-94.

_____. *Worship Is a Verb*, 2d ed. Nashville: Abbot-Martyn, 1992.

White, James F. *A Brief History of Christian Worship*. Nashville: Abingdon, 1993.

_____. *Protestant Worship: Traditions in Transition*. Louisville, Ky.: West-minister/John Knox, 1989.

Willard, Dallas. *In Search of Guidance: Developing a Conversational Relationship with God*. San Francisco: Harper/Zondervan, 1993.

_____. *The Spirit of the Disciplines: Understanding How God Changes Lives*. San Francisco: HarperCollins, 1988.

Willimon, William H. *Worship as Pastoral Care*. Nashville: Abingdon, 1979.

Wright, Timothy. *A Community of Joy: How to Create Contemporary Worship*. Nashville: Abingdon, 1994.